U0074359

周易示兒錄序

古來學易者必觀象觀象久而後能忘象象立而數生焉古來學易者必通數通數久而後能馭數數成而理寓焉古來學易者必準理準理精而後能窮理理達而氣行焉理氣統乎神則知來藏往之術焉術必端本乎象數象數理氣畢學易之道無遺蘊矣漢以來易之行於世者京焦荀虞崇象而用氣康節推理以行數輔嗣崇辭以說理此爲三大宗輔嗣今不論若邵與虞則爲近三百年漢宋兩家之爭交相非難而卒成爲易學之兩大不能相勝焉最近乃有兼采而調節之博稽乾鑿度參同契周漢諸書而知其術間出於一原況輔嗣尤宗西漢費氏及淮南九師家法彼三家者又何此疆彼索之斷斷爭辯云爾哉沈子瓞民受　先德竹礽先生之遺教學易以術數爲初步占課奇應一日出竹礽先生周易示兒錄遺稿三卷見示將刊布以行於世其辭簡而不枝其說通而彌邃不偏袒漢

宋要與邵子爲近而不拘滯乎其術讀者一日而可通乎易之道妙所謂
易簡而天下之理得者非與余既喜易道之將復明於世也故忻然序其
簡端云爾丁巳正月晦日吴江後學金天羽拜序

周易示兒錄上編

錢塘沈紹勳撰

三代以下說卦序者夥矣或囿於成見或不知本原皓首窮經到死亦不能知其變化良可概也父子至親父欲傳其學於子心至切矣異日讀吾書者知余之苦心由此而精求之庶可以得易之理矣紹勳識

一八卦取象歌

☰乾三連　☷坤六斷

☳震仰盂　☶艮覆盌

☲離中虛　☵坎中滿

☱兌上缺　☴巽下斷

此歌訣漢以前所未見宋以後始見之朱子列於本義之首便人記憶卦象而已語雖陋實一字不虛眞學易之入門訣也

二太極

太極無陽無陰其實內含有陰陽此陽此陰卽戊己二字可以代之戊己惟何今日者謂之土且有戊陽己陰之別其實混沌始開惟土而已陽土陰土孰辨別之不過陰陽消息陽中未嘗無陰陰中亦未嘗無陽明乎此則陽何嘗自爲陽陰亦何嘗自爲陰且陽中有陰陰中亦有陽知此則陰陽消息變化自能了然

三兩儀

一　此爲陽儀

--　此爲陰儀

陽自爲陽則孤陽不長陰自爲陰則孤陰不生陰陽和而後萬物生

四四象

二　陽上加陽爲太陽

⚍ 陽上加陰爲少陰

⚎ 陰上加陽爲少陽

⚏ 陰上加陰爲太陰

五八卦

兩儀生四象四象生八卦

☰乾一 太陽上加一陽

☱兌二 太陽上加一陰

☲離三 少陰上加一陽

☳震四 少陰上加一陰

☴巽五 少陽上加一陽

☵坎六 少陽上加一陰

☶艮七 太陰上加一陽

☷坤八　太陰上加一陰

此爲先天卦序凡一三五七諸數爲奇二四六八諸數爲耦奇爲陽耦爲陰凡奇數皆陽在三爻耦數皆陰在三爻

六先天卦位

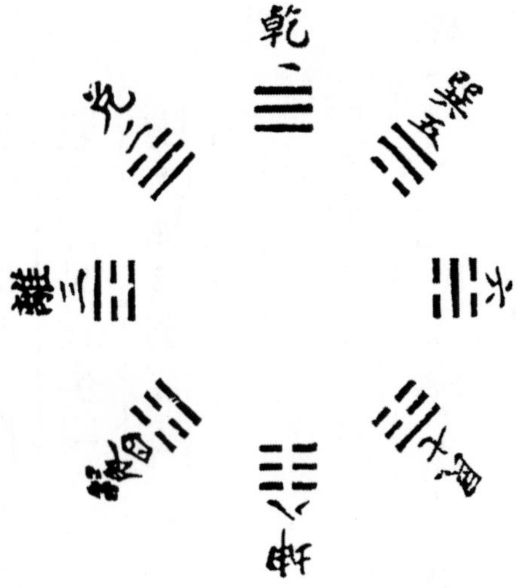

說卦傳曰天地定位山澤通氣雷風相薄水火不相射八卦相錯數往者順知來者逆是故易逆數也（祖緜謹按四與五三與六二與七一與八均得九數合之得九陽去就陰陰來抱陽以逆從順是逆爲貴）

乾爲天坤爲地乾南坤北故曰天地定位艮爲山兌爲澤艮居西北兌居東南故曰山澤通氣震爲雷巽爲風震居東北巽居西南故曰雷風相薄坎爲水離爲火坎西離東故曰水火不相射

雷以動之（震）風以散之（巽）雨以潤之（坎）日以烜之（離）艮以止之（艮）兌以說之（兌）乾以君之（乾）坤以藏之（坤）細玩此圖太陽少陰少陽太陰排列次序一毫不錯且不加思索信手拈來者

七後天卦位

邵子曰此文王八卦乃入用之卦後天之學也愚以爲傳所謂八卦成列本無先天後天之別

後天之數坤艮相易則乾至離數之爲六七八九坎至巽數之爲一二

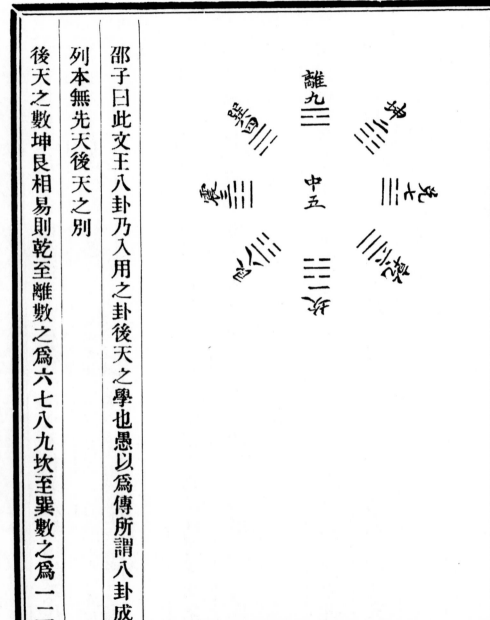

三四後人以歸藏連山與周易爲三易實不過二八易位而已

後天之數對待數之合爲十與中央之五爲十五孔子謂五十學易殆指此歟

後天方位之次序學者每以爲疑其實孔子說卦傳言之已詳如帝出乎震齊乎巽相見乎離致役乎坤說言乎兌戰乎乾勞乎坎成言乎艮是也

八八卦變六十四卦

世人以伏羲八卦方位自震至乾爲順如乾見乾爲乾爲天䷀兌見乾爲澤天夬䷪離見乾爲火天大有䷍震見乾爲雷天大壯䷡自巽至坤爲逆巽見乾爲風天小畜䷈坎見乾爲水天需䷄艮見乾爲山天大畜䷙坤見乾爲地天泰䷊兌又見乾爲天澤履䷉周而復始適成六十四卦始乾終坤皆出於自然不假安排也

今之言易者論六十四卦重陰陽往來奇耦錯綜升降交不交不易相易之類反使學者迷亂矣

余謂八卦變六十四卦其例有三一不易卽八純卦也二對待如否泰旣濟未濟等卦是也三流行如夬履等卦是也

如此讀易可一掃漢宋門戶之見知者一見卽解愚者盡一日夜之力亦可知其大概也

今先言不易

乾乾　乾爲天　䷀　坤坤　坤爲地　䷁

兌兌　兌爲澤　䷹　艮艮　艮爲山　䷳

離離　離爲火　䷝　坎坎　坎爲水　䷜

震震　震爲雷　䷲　巽巽　巽爲風　䷸

以上八純卦均屬本宮上世皆陽遇陽陰遇陰

次言對待

乾坤　天地否 ䷋　坤乾　地天泰 ䷊

兌艮　澤山咸 ䷞　艮兌　山澤損 ䷨

離坎　火水未濟 ䷿　坎離　水火既濟 ䷾

巽震　風雷益 ䷩　震巽　雷風恆 ䷟

以上爲對待之卦八均爲三世以上一字爲宮皆陰陽相遇

次言流行

比連

乾
- 巽　天風姤 ䷫　乾一世
- 兌　天澤履 ䷉　艮五世

兌
- 乾　澤天夬 ䷪　坤五世
- 離　澤火革 ䷰　坎四世

離	兌	火澤睽	䷥	艮四世
	震	火雷噬嗑	䷔	巽五世
震	離	雷火豐	䷶	坎五世
	坤	雷地豫	䷏	震一世
坤	震	地雷復	䷗	坤一世
	艮	地山謙	䷎	兌五世
艮	坤	山地剝	䷖	乾五世
	坎	山水蒙	䷃	離四世
坎	艮	水山蹇	䷦	兌四世
	巽	水風井	䷯	震五世
巽	坎	風水渙	䷺	離五世
	乾	風天小畜	䷈	巽一世

以上十六卦爲一世四世五世之卦陰陽相遇者屬一世五世陽遇陽陰遇陰者屬四世

隔二位

卦	所生	卦名	卦象	屬
乾	坎	天水訟	䷅	離游四世
	離	天火同人	䷌	離歸三世
兌	巽	澤風大過	䷛	震游四世
	震	澤雷隨	䷐	震歸三世
離	乾	火天大有	䷍	乾歸三世
	坤	火地晉	䷢	乾游四世
震	艮	雷山小過	䷽	兌游四世
	兌	雷澤歸妹	䷵	兌歸三世

坤：坎、離

坎	地水師	䷆	坎歸三世
離	地火明夷	䷣	坎游四世

艮：巽、震

巽	山風蠱	䷑	巽歸三世
震	山雷頤	䷚	巽游四世

坎：乾、坤

乾	水天需	䷄	坤游四世
坤	水地比	䷇	坤歸三世

巽：兌、艮

兌	風澤中孚	䷼	艮游四世
艮	風山漸	䷴	艮歸三世

以上十六卦均屬游魂四世歸魂三世之卦凡陰陽相遇爲歸魂陽遇陽陰過陰爲游魂

隔三位

乾	艮	天山遯	䷠	乾二世
	震	天雷无妄	䷘	巽四世
兌	坎	澤水困	䷮	兌一世
	坤	澤地萃	䷬	兌二世
離	巽	火風鼎	䷱	離二世
	艮	火山旅	䷷	離一世
震	乾	雷天大壯	䷡	坤四世
	坎	雷水解	䷧	震二世
坤	兌	地澤臨	䷒	坤二世
	巽	地風升	䷭	震四世
艮	乾	山天大畜	䷙	艮二世
	離	山火賁	䷕	艮一世

坎→兌　水澤節　䷻　坎一世
坎→震　水雷屯　䷂　坎二世

巽→坤　風地觀　䷓　乾四世
巽→離　風火家人　䷤　巽二世

以上十六卦爲一世二世四世之卦也陰陽相遇者屬一世陽遇陽陰遇陰者屬二世四世五數相合共得六十四卦

凡隔四位卽爲對待至隔五位與隔三位同隔六位與隔二位同隔七位又屬比和（按卽比連）隔九位爲八純卦

後天卦位同樣挨排之亦得六十四卦

又有變易卽以先天卦加後天卦反覆挨排共八次亦得六十四卦以後天卦加先天卦亦如之

先天與後天相互八純卦爲艮見乾得坤爲地乾見乾得乾爲天兌爲

澤兌見乾得離爲火坎爲水艮爲山坤見乾得震爲雷震見乾得巽爲風

後天與先天相互八純卦爲離見離得離爲火坎爲水艮爲山震見離得乾爲天兌爲澤艮見離得坤爲地坎見離得巽爲風兌見離得震爲雷

朱子註易分交易變易而對待流行即交易也

剛柔相推六十四卦乃成復由此引而伸之觸類而長之一卦可變六十四卦六十四卦可變四千九十六卦也

乾陽也坤陰也震坎艮爲陽從乾巽離兌爲陰從坤凡陽卦多陰陰卦多陽

數終於五故五爲對待至流行即老子一生二之義

讀易而不知卦之起原猶瞽者之無相白晝亦暮夜也解易之書余共

見一千七百餘家矜家法者局於門戶尙玄理者流爲空談其下者望文生義雖訓詁猶無當至此種名卦爲讀易之要訣竟無一人致力於斯深可慨也

九易之實用

日月爲易繫傳已言之矣言易之道若日月之貞明也傳言陰陽之義配日月縣象著明莫大於日月日月之道貞明者也日往則月來月往則日來日月相推而明生焉之類重言而申明之易之爲書廣大悉備故以日月名之

易之爲書大而治平之道小而方技之末包括殆盡如通書家家必置之其實易也稽覽圖云甲子卦氣起中孚令人知之者寡矣因五六居天地之中中孚後天之位居巽方巽中有辰巳辰爲五巳爲六中孚居其中而冬至以後交此節氣一年三百六十六日所由成也蓋五五相

因得二十五六六相因得三十六兩數相加得六十一再以中孚之六爻相因得三百六十有六卽一年之日也又如相人術莫不觀氣色欲觀氣色非知一年之卦氣不可今之術士烏得而知之至筮法傳中亦已言之惟其法久失知之者鮮今日本人尙有能用之者特不精耳昔著筮法通一卷以爲尙合古法

天下事物凡目所能見者耳所能聞者心所能思者均在易中故曰曲成萬物而不遺也

十天數五地數五五位相得而各有合天數二十有五地數三十凡天地之數五十有五此所以成變化而行鬼神也

此洛書之大用朱子註之是也惜學者總未能領會茲繪簡圖以明之

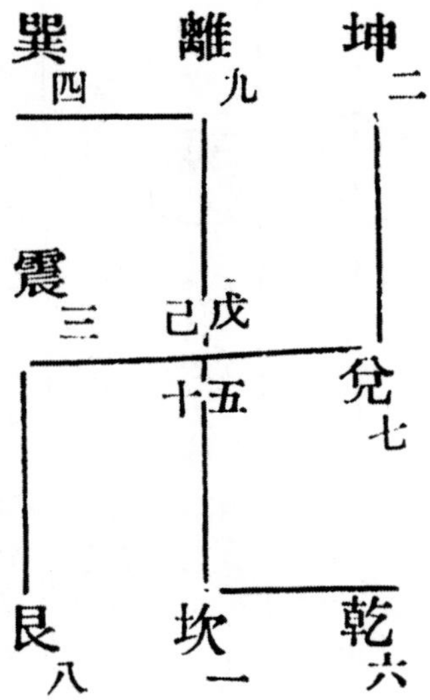

凡數祇有一二三四而已五則數已大備可運用八方如上圖乾六減戊五一也與坎一同兌七減戊五二也與坤二同離九減戊五四也與巽四同艮八減戊五三也與震三同明此可悟屈伸往來之理

如乾六減坎一艮八減震三離九減巽四已十減戊五均得五五數相加適成天數二十五

又坤二與艮八乾六與巽四及已十皆地數也三數相加得三十離九與坎一兌七與震三及戊五皆天數也三數相加得二十五合天地之

數得五十有五

又以對待言之已十減離九一也與坎一同已十減艮八二也與坤二同已十減乾六四也與巽四同已十減兌七三也與震三同識得此理則可以觸類旁通矣

不特艮八坤二可易位卦卦可易位如已十減艮八爲二減坤二爲八艮坤易位矣已十減離九爲一減坎一爲九則離坎易位矣已十減乾六爲四減巽四爲六則乾巽易位矣已十減兌七爲三減震三爲七則震兌易位矣

十一伏羲畫卦始於一

一畫開天盡人而知之矣後世解易者謂首畫乾首畫艮非的解也首畫乾猶可說其實首畫一老子曰一生二二生三三卽指乾卦言也

十二一陰一陽之謂道

坎中陰含陽離中陽就陰先天東西對待爲坎離後天南北對待亦爲坎離後天之坎離卽爲先天之乾坤乾坤則孤與獨何能生長萬物陽去就陰陰去含陽始有變化萬物生焉故謂之道卽二氣是也是坎離之爲物偏在四方同於天地故先後天八純卦中重對者惟坎離顯諸仁藏諸用效天法地惟坎離之德爲盛矣

十三論父母男女

乾父也坤母也乾坤生六子故稱父母以後天卦位分剖之震坎艮三男從父於東北巽離兌三女從母於西南故坤卦西南則得朋東北則喪朋

十四三才

易學經典文庫

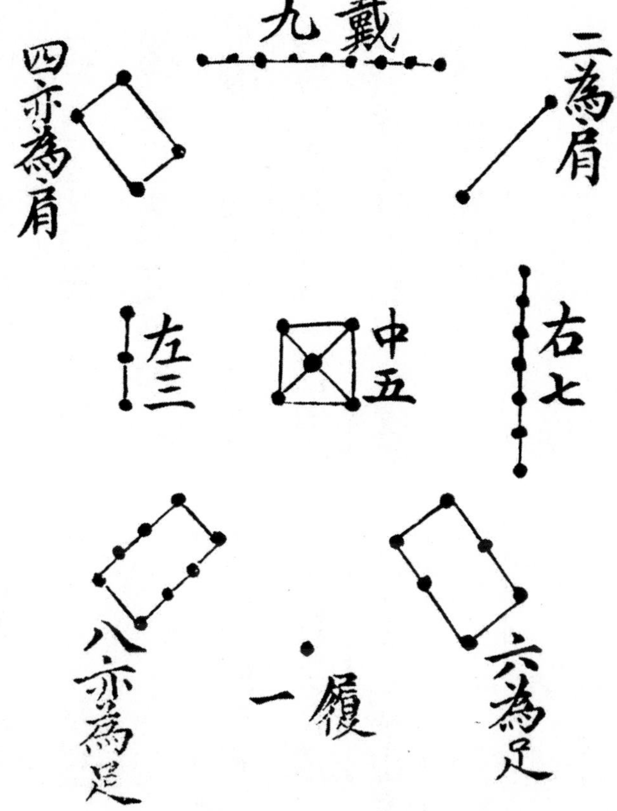

洛書陰陽之氣已交分三停卽三才之道六一八天數也所謂天氣下降也二九四地數也所謂地氣上升也中庸言二氣非明此不能知之人在天地之中爲天地心七五三是也天地是言其德非言其形

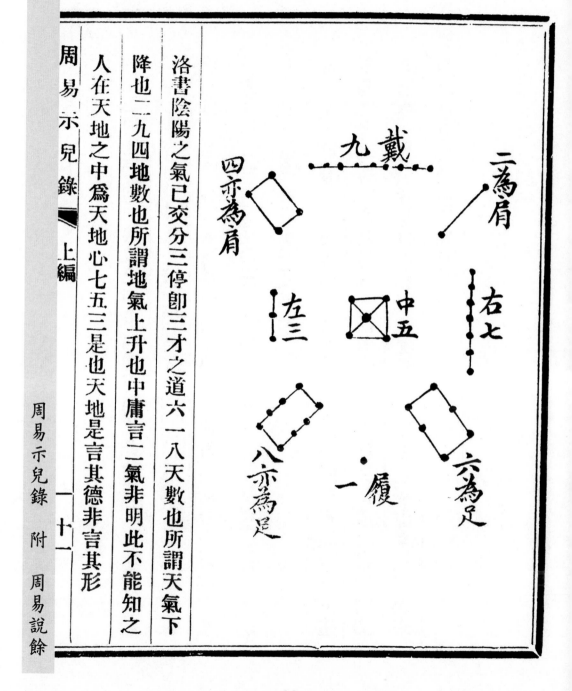

十五互卦

傳曰二與四同功而異位三與五同功而異位此論互卦也如春秋莊二十二年左傳載陳侯使筮之遇觀之否☷☴☰☷曰風爲天於土上山也注曰自二至四有艮象艮爲山是如觀之否卦內無艮若去初六上九二爻自六二至六四互爲☷(坤)卦六三至九五又互爲☶(艮)卦是也易中言互體者甚多不可忽之

右十五章爲讀易之關鍵知此始能讀易不能知此猶正牆面而立也至易之大義別撰周易易解一書若明成卦之理反覆求之自能豁然貫通矣夫易也者易也經文明白曉暢人人能知之經生家强立漢宋門戶歧中又歧直不知易耳

周易示兒錄上編終

周易示兒錄中編

錢塘沈紹勳撰

上編十五章將成卦之理已略言之矣恐猶未能盡明也再述十五章凡古人所已言者概不錄紹勳識

一辟卦之理爲易學之關鍵

辟卦之理以定十二卦氣卽十二月也其實卽乾坤二卦之相綜由乾坤成否泰兩卦否泰者一交一不交也交則爲泰時在正月不交爲否時在七月爲陰陽之關鍵

乾	䷀	四月卦	本宮上世				
姤	䷫	五月卦	一世	五世	三月卦	䷪	夬
遯	䷠	六月卦	二世	四世	二月卦	䷡	大壯
否	䷋	七月卦	三世	三世	正月卦	䷊	泰

觀 ䷓ 八月卦 四世　臨 ䷒ 十二月卦 二世

剝 ䷖ 九月卦 五世　復 ䷗ 十一月卦 一世

坤 ䷁ 十月卦 本宮上世

此爲陰陽消息之本其變通升降盈虛旁通錯綜往來窮通位序其世應損益反對始終剛柔進退大小生死象數闔闢出入內外之類均包括於其中學者能玩占推測一部大易卽能融會於心中並可掃除一切浮光掠影之談益之以游魂歸魂可窮知鬼神之理由此而推年月日時節氣候度瞭如指掌矣

干氏寶以乾坤兩卦之六爻釋十二月學者以此合參之則易與律歷之理自明矣

辟卦之理卽後天乾宮六卦坤宮六卦益以乾之游魂火地晉歸魂火天大有坤之游魂水天需歸魂水地比則乾宮得八卦坤宮得八卦

二論先天乾坤後天坎離適成游魂歸魂之理

繫傳曰精氣爲物游魂爲變歸魂卽精氣爲物其理在否泰二卦否爲不交如乾與乾遇坤與坤遇兌與兌遇艮與艮遇離與離遇坎與坎遇巽與巽遇震與震遇此不交也泰爲交如乾與坤交坤與乾交兌與艮交艮與兌交離與坎交坎與離交巽與震交震與巽交此交也交則氣通不交則氣塞故交則爲易位不交爲伏位

游魂歸魂卽後天與先天之理也先天之乾卽後天之離離加乾位謂之歸魂歸魂者先後同一位也游魂者離在乾對宮之坤也

以先後天乾離二卦觀之火天大有爲歸魂同位故精氣爲物火地晉爲游魂離游坤位與乾相對是爲游魂故游魂爲變

三易不曰陽陰而曰陰陽是易貴陰而賤陽也

易無所謂貴賤更無所謂陰爲貴而陽爲賤所謂貴賤者卽交不交之

別也交則陰加於陽故貴也不交則陽仍爲陽故賤也交則泰不交則否如斯而已矣

所謂貴陰賤陽者如否則孤陽不生獨陰不長而已純陽純陰則天無四時地無晝夜人無死生矣

四論八卦之正位

卦之正位學易者不可忽視之當位者貴失位者賤九五之尊卽指正位言也卦之正位不可移動凡正位陽卦位在奇數陰卦位在耦數卽陽卦以陽爻爲正位陰卦以陰爻爲正位也

如☰乾　初爻爲震　因震陽居初爻爲正位

二爻爲乾坎　因乾三陽中爲正位坎陽居中亦以中爲正位

三爻爲艮　因艮陽居三爻爲正位

如☷坤　初爻爲巽　因巽陰居初爻爲正位

二爻爲坤離　因坤三陰中爲正位離陰居中亦以中爲

正位

三爻爲兌　因兌陰居三爻爲正位

此卽乾坤之一索再索三索也一以六爻而定者如旣濟是也旣濟象

曰剛柔正而位當也是旣濟一卦爻爻皆居正位也故易之言正位皆

六爻言如旣濟乾坤二卦剛柔相間也

如䷾旣濟　其正位實與上同

乾坎在五　陽爻爲正位

巽在四　陰爻爲正位

艮在三　陽爻爲正位

離坤在二　陰爻爲正位

震在初　陽爻爲正位
兌在六　陰爻爲正位

易之正位每讀一卦宜先辨別之初爻事之始也卽繫傳所謂其初難知也二爻多譽三爻多凶四爻多懼五爻乾位爻之德莫備於此故多功上爻事之終也卽所謂其上易知也故初上爲本末如大過本末弱也卽指初上兩爻言也知其位始能辨其義也

五、論中正不中正

中正不中正卽指得位言也孔子作彖傳最重時中易之正中皆指六畫卦言一中正者六二九五各得位也二中而不正者以三畫言皆得位以六畫言九二六五雖得中而位則不正也三正而不中者九三六四雖得正以六畫言而不在中也四不中不正者六三九四位旣不正而又不中者也

六論易尙變

凡十有八變而成易成卦時皆由變而來也然成一卦而變之道仍无窮立卦時逢奇耦之數五爲陽爻因震☳坎☵艮☶皆五數也逢奇耦之數四爲陰爻因巽☴離☲兌☱皆四數也可知爻之陰陽卽卦之陰陽也

爻之變凡陽卦動必變陰如乾爲父陽卦也初爻變爲巽巽長女也中爻變爲離離中女也三爻變爲兌兌少女也如下

☰乾　☰初動變爲巽　☰二動變爲離　☰三動變爲兌

此乾生三子也乾陽也其所生者皆陰如坤爲母陰爻也初爻動變爲震震長男也中爻動變爲坎坎中男也三爻動變爲艮艮少男也如下

☷坤　☷初動變爲震　☷二動變爲坎　☷三動變爲艮

此坤生三子也坤陰也其所生者皆陽乾不能變也坤亦不能變也所

謂變者卽陰陽相求也故謂之索至六子之變陽卦變陰陰卦變陽畢震巽二卦以明之餘可類推矣

☳震　☳○初動變爲坤　☳×二動變爲兌　☳×三動變爲離

震之變無巽者巽乃震之對待也猶乾之變無坤坤之變無乾也餘可類推

☴巽　☴×初動變爲乾　☴○二動變爲艮　☴○三動變爲坎

易重對待何也對待者居不變之位也如震之變無巽之對待僅由坤母兌少女離中女而來仍在乾坤相索之中也

明乎變則成卦之理近而易知來知德乃謂變者玄之又玄妙之又妙豈知言哉

七論用九用六卽出後天卦位

後天卦位係陰陽對待陰陽之對待卽用也乾用九坤用六實緣此卦

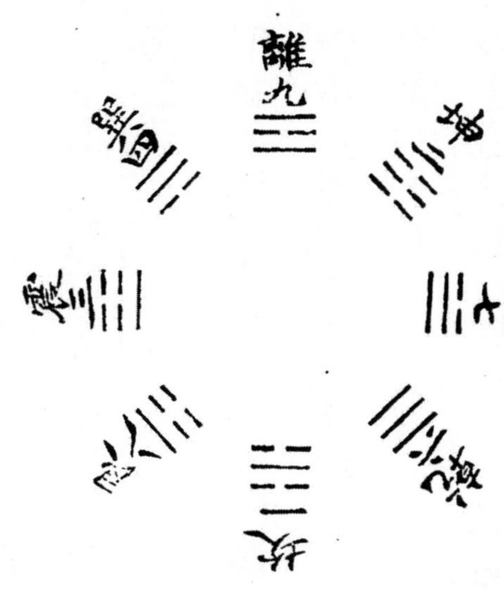

位也後人不察動以參伍錯綜以解用九用六聚訟紛紜實不能得其要領細玩此圖乃知用九用六是對待之關係不必待人意索者也乾用九乾陽也陽均用九坤用六坤陰也陰均用六曰九曰六實中五之作用亦生成數之大用也生成之數進於六而極於九如離坎對待離

九坎一合之爲十合中五爲十五今去陽之九爲六陰也去陰之六爲九陽也其餘六卦莫不如是一語道破則用九用六甚明用九卽參天用六卽兩地

或問子如是解竟棄先天卦位而不顧何也答之曰先天卦位體也後天卦位用也今已成卦是已從體起用故就用而言古人所謂對待用九用六不過一對待而已復何必舍近圖遠哉

八論生成之數

先天變後天坎離震兌四正卦陰陽互變乾巽坤艮四維卦卦雖變而陰陽仍不變然此之陰陽非純陰純陽也合生成之數而觀之方能辨別其陰陽

先天四正之卦乾一坎六一六也離三坤八三八也四維卦兌艮相對兌二艮七二七也震四巽五合之爲九此九與震之四仍四九也

易學經典文庫

生成之數莫古於子華子而後人以爲僞書其後鄭氏玄曰五行之次一曰水天數也二曰火地數也三曰木天數也四曰金地數也五曰土天數也此五者陰无匹陽无耦故又合之地六爲天一匹也天七爲地二耦也地八爲天三匹也天九爲地四耦也地十爲天五匹也鄭氏又曰天一生水於北地二生火於南天三生木於東地四生金於西天五生土於中陽无耦陰无配未得相成地六成水於北與天一并天七成火於南與地二并地八成木於東與天三并天九成金於西與地四并地十成土於中與天五并也此卽生成之數也

鄭之前有揚雄其著太玄經玄數篇三八爲木四九爲金二七爲火一六爲水五五爲土又玄圖一與六共宗二與七共朋三與八成友四與九同道五與五相守所不同者揚主五五鄭則五十而已古人論生成者甚多特舉揚鄭二氏之說者因此二氏爲經生所不敢棄者也

九論既知生成之數可知後天之數本出先天

先天由一至四由五至八今人呼爲乾一兌二離三震四巽五坎六艮七坤八者也凡卦數奇爲陽耦爲陰而先天無陰陽之別世多疑之其實卦自卦而數自數二者不能相混世人讀乾一兌二等者不過取讀之易耳爻象用數有用先天數者以數代之而已後天之數奇陽耦陰附麗干支易之用乃見而數與卦合矣然實出於先天所謂天數五地數五一節

後天奇耦之數如乾六乾陽也何以爲六卽生成之理也不知生成之理卽不能知易之陰陽數更無論矣

數之極爲五立極者五也六七八九卽一二三四也學者不知五之功用驟聞之必以爲異豈知日用事物之微莫不皆然細思之始知言之不謬例如人之數錢必以五是也

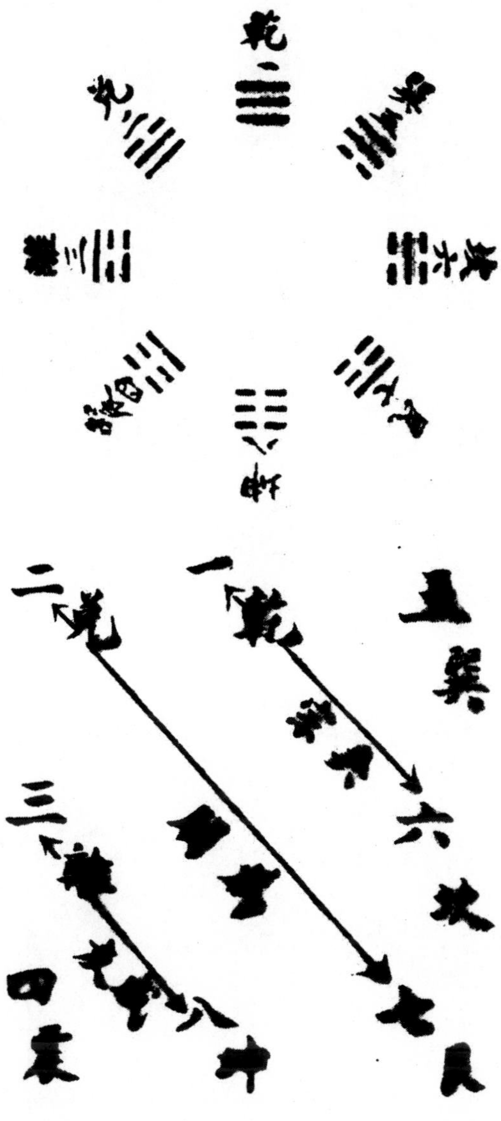

上圖卽先天下圖卽揚子太玄經所云一與六共宗二與七爲朋三與八成友四與九同道五與五相守不曰十而曰五言數之極也

下圖有一六有二七有三八至四與九同道僅有四而無九九爲後天數則學者必講先天之數不能與後天之數相合矣若能知大衍之理

以中五立極四正之位逢奇加五逢耦減五四隅之位逢奇減五逢耦加五則先後天之理一旦貫通矣

乾一加五爲六　坎六減五爲一　即一六共宗

離三加五爲八　坤八減五爲三　即三八成友

兌二加五爲七　艮七減五爲二　即二七爲朋

五居極中震巽之位震實而巽虛以九代之

震四加五爲九九減五得四爲巽卽四九同道

按四九同道道卽五也非明此則同道二字泛泛讀過與宗友屢摑等

而已五與五相守守者何守此道也卽守易之道也

觀此一六三八生成之數居四正二七四九生成之數居四隅之數旣

得於是將四正之位者數者隔三位順列之隅數者隔一位順列之四

艮 八	兌 七	乾 六
離 九	中 五	坎 一
巽 四	震 三	坤 二

陽之位奇數者陽四位順列之耦數者陽三位順列之巽之數由變而來不與常例同故陽三位逆列之如上圖再將艮坤二八易位卽後天之卦位也此理亙古至今無人道及學者細玩之可也其所以能易位者在順逆列之一竅也

十論互卦之理

互卦卽中爻上篇已言之王氏應麟曰鄭康成學費氏易爲注九卷多論互體按互卦變化中含陰陽八純卦皆陽從陽陰從陰餘卦變化有陽抱陰含之別學者細玩之可也

乾父

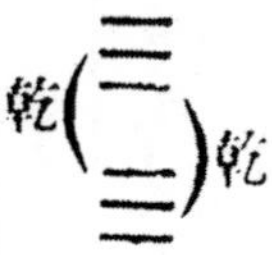

互乾

坤母

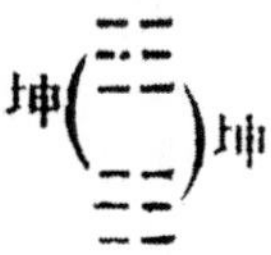

互坤

震長男

互艮坎
中男少男

巽長女

互兌離
中女少女

坎 中男

䷜ 艮 震

互震艮 長男少男

離 中女

䷝ 兌 巽

互巽兌 長女少女

艮 少男

䷳ 震 坎

互震坎 長男中男

兌 少女

䷹ 巽 離

互巽離 長女中女

父自相互母亦如是男則三男相互女則三女相互此中至理可悟卦位

否泰二卦論交不交互卦之妙全在其中合否泰二卦卦象觀之

否

䷋ 巽 艮

泰

䷊ 震 兌

此二卦合觀之有乾坤有震巽有艮兌而無坎離因先天之乾坤卽後天之坎離也交不交非天地也實水火而已蓋否之九五六二變爲旣濟非否則終否也泰則六五九二變爲未濟非泰則終泰也盈虛消息

在人事而已其他五十餘卦之互卦或先後天同位者或比連左右者來知德謂中爻者陰陽內外相連屬也此雖發前人所未言然其中玄理惜來氏猶未盡知也

十一論互卦之奧在立卦也

坤之成卦乾相索也乾之成卦坤相索也如乾之互卦爲乾坤之卦爲坤二者相遇則必相求索也

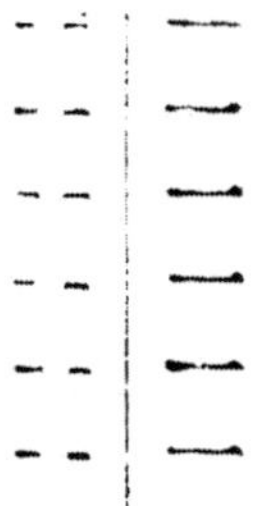

如上圖卽一陰一陽之謂道也乾去索坤乾陽也一陽一陰交則卦變坤從乾爲陽全卦爲乾乾就坤爲陰全卦爲坤非讀下六卦不能明此

震中之互卦爲坎艮

將坎艮並列

坎　艮

易學經典文庫

初爻兩陰相遇變爲✕中爻一陰一陽相間震陽卦也則取陰⚋上爻亦

一陰一陽相間震陽卦也則取陰⚋合之爲☳仍震卦也

巽中之互卦爲離兌

將離兌並列

	兌	離
上	⚋	⚊
中	⚊	⚋
初	⚊	⚊

初爻兩陽相遇變爲⊖中爻一陽一陰相間巽陰卦也則取陽⚊上爻

亦一陰一陽相間巽陰卦也則取陽⚊合之爲☴仍巽卦也

坎中之互卦爲震艮

將震艮並列

	艮	震
上	⚊	⚋
中	⚋	⚋
初	⚋	⚊

初爻一陰一陽相間坎陽卦也則取陰⚋中爻兩陰相遇變爲✕上爻

一陰一陽相間坎陽卦也則取陰⚋合之爲☵仍坎卦也

離中之互卦爲巽兌

將兌巽並列

	巽	兌
上	⚊	⚋
中	⚊	⚊
初	⚋	⚊

初爻一陰一陽相間離陰卦也則取陽⚊中爻兩陽相過變爲⊖上爻

亦一陰一陽相間離陰卦也則取陽⚊合之爲☲仍離卦也

艮中之互卦爲震坎

震☳ ☵坎

將震坎並列

震		坎
⚋	上	⚋
⚋	中	⚊
⚊	初	⚋

初爻一陰一陽相間艮陽卦也則取陰⚋中爻亦一陰一陽相間艮陽

卦也則取陰⚋上爻二陰相過變爲✕合之爲☶仍艮卦也

兌中之互卦爲巽離

巽☴ ☲離

將巽離並列

巽		離
⚊	上	⚊
⚊	中	⚋
⚋	初	⚊

初爻一陰一陽相間兌陰卦也則取陽⚊中爻亦一陰一陽相間兌陰

卦也則取陽⚊上爻二陽相過變爲⊖合之爲☱仍兌卦也

明此六子夫然後能知乾坤兩卦之變變者卽乾之用九坤之用六用

九爲坤用六爲乾

十二爻辰

爻辰之說始見於經傳者虞書所謂撫於五辰是也並非始於鄭氏玄鄭以前固有之矣李氏鼎祚曰鄭多參天象即指此也其後惠氏棟錢氏大昕張氏惠言皆有纂述至何氏秋澤申鄭義其說乃大備總之爻辰亦如納甲卦氣不可盡廢亦不可專用者也且鄭易已亡其言爻辰存者不過十條其說頗精學者不可不知也昔著周易易解曾補數爻蓋所補者非用爻辰不能解也

爻辰與納甲異如乾之納甲

乾一 壬戌土 一 壬申金 一 壬午火 一 甲辰土 一 甲寅木 一 甲子水 在爻辰則子爲初九爻辰寅爲九二爻辰辰爲九三爻辰午爲九四爻辰申爲九五爻辰戌爲上六爻辰是也此與納甲通也惟其用不同耳且六子之納甲與爻辰不能相通如坤之納甲

坤 ⚋ 癸酉金 ⚋ 癸亥水 ⚋ 癸丑土 ⚋ 乙卯木 ⚋ 乙己火 ⚋ 乙未土在爻辰未爲初六爻辰酉爲六二爻辰亥爲六三爻辰丑爲六四爻辰卯爲六五爻辰巳爲上六爻辰此與坤之納甲不同者也

爻辰之說不獨釋爻之用與十二律互相發明惜今學者所集鄭說大都非原文有脫漏訛誤處未及訂正之耳

十三釋先甲後甲先庚後庚巳日乃革之理

巽之爲卦䷸上巽下巽今後天巽居兌位爲䷹是合先後天而言之也故蠱之九五爲䷑巽之九五中變有離象離數三離爲日故曰三日蠱則由艮巽而成艮巽在四隅爲先天離之左右離雖易位爲震而先天離之氣仍在也甲與庚對待日之對待卽月也因先天坎離對待後天坎離亦對待是先庚後庚之三日與先甲後甲之三日咸在先後天坎離之中月無光得日之光以爲光朔望盈虛月現其形其實仍

日之光也虞氏翻以納甲釋之其說是矣惜八卦納甲圖未能使人醒
目魏氏伯陽參同契有說有圖其說本假以明丹道又不能使人一見
瞭然來氏知德剿襲虞氏之說惠氏棟亦然今欲解此說莫如宗子夏
傳書雖僞其說則不能廢也子夏傳曰先甲三日者辛壬癸也後甲三
日者乙丙丁也鄭氏玄亦引此說惟辛自新丁乃丁寧其說未免穿鑿
惟先庚三日丁後庚三日癸實有傳授而後人不解支離百出終不能
出子夏傳鄭說之外總之經生昧於卦位但求字上訓釋則失易之義
矣凡四正之卦卦各有干自震至坎爲甲乙丙丁庚辛壬癸八干戊已
無定位居中央之極卽易所謂美在其中是也
先甲後甲象曰終則有始天行也其象已明至先庚後庚合戊已而言
之而戊已之中含坎戊離已也故巽之九五小象曰无初有終初終二
字實指戊已言也

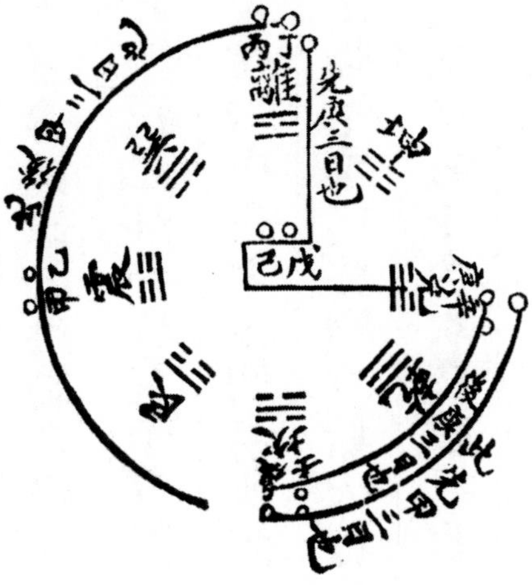

月之盈虧朔望分象之爲甲爲庚合象之則庚卽是甲甲卽是庚因月本無光受日之光以爲光也由此而推之則其理不難盡知矣

至革之己日此巳字卽戊己之己也革之爲卦在後天卽先庚三日因甲至己凡六日其象曰己日乃孚孚者鳥之孚卵皆各期不失信也至己日後又至庚日孚之象也

納甲之說術士均能解之儒者反昧其道蓋一則得其傳一則未得其傳也朱子本義釋先甲後甲先庚後庚實出子夏傳非妄解也與虞氏諸說同而宗漢學者每不肯信實不知納甲之本也

沈氏括夢溪筆談中釋納甲一則較虞氏翻爲詳後之宗漢學者以沈氏不肯直抄虞說每深譏之

齊氏夢龍曰推先甲後甲之說曰卦震東爲甲兌西爲庚蠱互庚而四居震中故言甲巽互兌上故言庚十干戊己土餘八日爲萬物始終甲者始之終庚者終之始蠱言始而稱甲巽言終而稱庚語固各有當也

學者用齊氏之說細玩前圖其理自明

十四論先後天卦位同位或先天後天對待之功用

先天過後天之卦共十有六乾離遇曰同人曰大有坤坎過曰師曰比兌巽過曰大過曰中孚離震過曰噬嗑曰豐震艮過曰小過曰頤巽坤

遇曰觀曰升坎兌遇曰節曰困艮乾遇曰大畜曰遯其卦名皆有相遇之意遇者氣通也

爻之變遇先後天同位者其小象釋之必曰志曰合曰同或先天後天對待者亦如此且其辭必簡或不言因而但言果其果必吉或不言果而但言因其果則不定易言元吉大吉均屬此類全易言大吉者四家人四萃四升初鼎上是也言元吉者十有三坤五訟五履上泰五復初大畜四離二損五益初益五井上渙四是也然同位之卦有時亦有凶者大都與本宮克害故也

儒者不言因果然易之理實不外因果卦猶人也在爻則一爻有一爻之因果因者指其事果者其吉凶悔吝也善因得善果然知而不行雖善亦惡惡因得惡果然過而能改雖惡亦可爲善人在天地其氣與天地通天地無人亦不能成爲天地故易曰與天地合其德合者以人合

天地也人之德維何曰仁義而已人之不德維何曰不仁不義而已善惡之幾在此

易言遇隣婚媾比隨等字皆先後天方位連續處或不信先天後天之說未知坤卦之道也或但執先天後天之圖亦未知坤卦之道也坤先迷後順不知先後天之變化何能知其理

十五釋心

善惡之幾出於心也邵子以道爲太極又以心爲太極蓋心者虛靈之物惟太極可以象之道者一陰一陽也心之動靜亦一陰一陽也故道與心初無二致先天之乾坤卽後天之坎離乾坤何以能成坎離道爲之也是道也於坎離之中見之故坎離有心象也離象心中虛故明也坎象心中實故誠也再以動靜觀之離火炎上動之象也坎水潤下靜之象也故說卦離其於人也爲大腹中虛故智坎其於人也爲加憂爲

心疾中實故塞是離之心爲大人之心易之言聽訟者皆屬之坎之心爲庸人之心易之言疾疚者皆屬之太極者聖人之心也聖人之心能容乾坤豈特坎離而已哉

周易示兒錄中編終

周易示兒錄下編

錢塘沈紹勳撰

前箸示兒錄兩編兒輩讀之猶有未明乃再箸此編玩易之法庶乎備矣若夫神而明之則存乎其人紹勳識

一爻辰與納甲

凡卦遇陽爻其爻辰皆從乾之六爻

子乾初九 寅乾九二 辰乾九三 午乾九四 申乾九五 戌乾上九

凡卦遇陰爻其爻辰皆從坤之六爻

丑坤六四 卯坤六五 己坤上六 未坤初六 酉坤六二 亥坤六三

納甲之說已詳中卷茲不贅乾宮六爻其支與爻辰同如下圖

⚊ 壬戌
⚊ 壬申
⚊ 壬午
⚊ 甲辰
⚊ 甲寅
⚊ 甲子

坤宮六爻其支亦與爻辰同不過所列之位與爻辰次第不同耳如下

圖

癸酉 癸亥 癸丑 乙卯 乙巳 乙未

納甲僅用六十甲子爻辰必上值十二次舍十二宮二十八宿然星度有改移爻辰所值之宮雖不易所值之宿度則隨之而易納甲以戊己爲樞機以月之盈虛而言亘古不變者也故節氣屬爻辰朔望屬納甲爻辰僅用十二支即十二月也納甲十干十二支並用即日數也

爻辰乾起於子子在坎乾與坎鄰自乾宮向坎順行而成乾宮六爻之納甲亦復如是坤之爻辰起於本宮之未順行由未而申由申而亥而丑而卯而巳而納甲則逆行由未而巳而卯而丑而亥而酉此爻辰與納甲所以不同者也

至六卦之爻辰亦與納甲不同如下圖

震 酉 亥 午 卯 巳 子

巽 戌 申 丑 辰 寅 未

坎 ⚋酉 ⚊申 ⚋丑 ⚋卯 ⚊寅 ⚋未　離 ⚊戌 ⚋亥 ⚊午 ⚊辰 ⚋己 ⚊子

艮 ⚊戌 ⚋亥 ⚋丑 ⚊辰 ⚋己 ⚋未　兌 ⚋酉 ⚊申 ⚊丑 ⚋卯 ⚊寅 ⚊子

震之正位在乾之初爻故初爻亦爲子坎之正位在乾之二爻故坎之二爻亦爲寅艮之正位在乾之三爻故艮之三爻亦爲辰巽之正位在坤之初爻故巽之初爻亦爲未離之正位在坤之二爻故離之二爻亦爲己兌之正位在坤之三爻故兌之三爻亦爲卯

二爻辰與天文之關係

爻辰之度有二曰宮度卽十二支各宮是也宮度則萬古不移永遠定位者也曰宿度卽二十八宿各度是也因歲差之故每年稍差先儒所用爻辰與今日宿度不同繼今以後如用爻辰當以其時之宿度爲準

乾初九爻辰在子自女八度至危十五度曰玄枵之次女虛危居之凡初九爻仿此玄枵者爾雅云虛也郭璞注曰虛在正北北方色黑枵之

言耗耗亦虛意(今則子宮在斗二十度至虛五度之間)
乾九二爻辰在寅自尾十度至斗十一度曰析木之次尾箕斗居之凡
九二爻倣此斗宿又見坤四爻析木者爾雅云析木謂之津箕斗之間
漢津也郭璞注云箕龍尾斗南斗天漢之津梁(今則寅宮在氐十五
度至尾十五度之間)。
乾九三爻辰在辰自軫十二度至氐四度曰壽星之次軫角亢氐居之
凡九三爻倣此軫宿又見坤上六爻壽星者爾雅云角亢也郭璞注云
數起角亢列宿之長故曰壽(今則辰宮在翼七度至角七度之間)
乾九四爻辰在午自柳九度至張十六度曰鶉火之次柳星張居之凡
九四爻倣此鶉火者爾雅云咮謂之柳柳鶉火也郭璞注云鶉鳥名火
屬南方今俗謂之朱鳥(今則午宮在井二十五度至星四度之間)
乾九五爻辰在申自畢十二度至井十五度曰實沈之次畢觜參井居

之凡九五爻仿此實沈爲爾雅所未釋其殆指井宿乎畢又見坤六二
井又見坤初爻(今則申宮在昴一度至參六度之間)
乾上九爻辰在戌自奎五度至胃六度曰降婁之次奎婁胃居之凡上
九爻仿此降婁者爾雅云婁奎郭璞注曰奎爲溝瀆故名降也胃又見
坤六二爻(今則戌宮在室七度至奎八度之間)
坤初六爻辰在未自井十六度至柳八度曰鶉首之次井鬼柳宿居之
凡初六爻仿此柳又見乾九四爻鶉首者南方之宿以井爲冠以柳爲
口也(今則未宮在參六度至井二十五度之間)
坤六二爻辰在酉自胃七度至畢十一度曰大梁之次胃昴畢居之凡
六二爻仿此畢又見乾九五爻大梁者爾雅云昴也西陸昴也郭璞注
云昴西方之宿別名旄頭(今則酉宮在奎七度至昴一度之間)
坤六三爻辰在亥自危十六度至奎四度曰娵訾之次危壁室鬼居之

凡六三爻仿此奎又見乾上九爻娵訾者爾雅云娵訾之口營室東壁也郭璞注曰營室東壁四方似口因名云（今則亥宮在虛七度至室八度之間）

坤六四爻辰在丑自斗十二度至女七度曰星紀之次斗牛女居之凡六四爻仿此女又見乾初爻星紀者爾雅云北斗牽牛也郭璞注云牽牛者日月五星之所始終故謂之星紀（今則丑宮在尾十四度至斗二十一度之間）

坤六五爻辰在卯自氐五度至尾九度曰大火之次氐房心尾居之凡六五爻仿此尾又見乾九二爻大火爾雅謂之大辰郭璞注云龍星明者以爲時候故曰大辰又云大火星也在中最明故時候主焉按東方木也心宿在卯火出木心也（今則卯宮在角七度至氐十五度之間）

坤上六爻辰在巳自張十七度至軫十一度曰鶉尾之次張翼軫居之

凡上六爻倣此張又見乾九四爻鶉尾者軫四星爲朱鳥之尾也（今則已宮在星四度至翼七度之間）

以上所述宿度均係略數其詳數有七政經緯可細按也叢辰煩多取有關於天文諸書讀之可也

爻辰之說本諸仰觀天文以取象非爻爻用爻辰也戴氏震爻辰補未免附會穿鑿因一卦六爻三才之道悉備有天道有地道有人道不必以天道包括地人之道也端木國瑚周易指言爻辰亦詳

易學經典文庫

清同治三年甲子宿鈴表

甲子後用此尺每年退五十二秒

宮＼度	初度	一	二	三	四	五	六	七	八	九	十	十一	十二	十三	十四	十五	十六	十七	十八	十九	二十	廿一	廿二	廿三	廿四	廿五	廿六	廿七	廿八	廿九
丑	箕初，37	一							八	斗初，41	一																			廿
子	斗廿，41		廿三	牛初，47	一					六	女初，7	一										十一	虛初，26	一						七
亥	虛八，26	九	危初，28	一																		十九	室初，23	一						七
戌	室八，23	九						十五	壁初，43	一											十二	奎初，26	一							八
酉	奎九，26		十一	婁初，55	一											十二	胃初，57	一										十一	昴初，27	一
申	昴二，27						八	畢初，24	一													十四	觜初，11	參初，12	一					六
未	參七，12			十	井初，35	一																								廿五
午	井卅，35			廿九	鬼初，8	一			四	柳初，34	一															十六	星初，35	一		三
巳	星四，33			七	張初，9	一																十七	翼初，6	一						七
辰	翼八，6								十六	軫初，34	一											十二	角初，1	一						七
卯	角八，1		十	亢初，22	一									十	氐初，46	一														十五
寅	氐六，46	十七	房初，55	一		三	心初，3	一							八	尾初，48	一													十四

三論江永納甲之理

江氏永河洛精蘊一書大醕小疵其論納甲盡黜古人之說茲舉其大要其言曰乾震艮離坤巽兌坎之位既定乃以戊已居中各以七數數之戊至七爲甲則乾納甲矣甲至七爲庚則震納庚矣庚至七爲丙則艮納丙矣丙至七爲壬則離納壬矣壬至七則復於戊焉已至七爲乙則坤納乙矣乙至七爲辛則巽納辛矣辛至七爲丁則兌納丁矣丁至乙爲癸則坎納癸矣癸至七則復於已焉然則納甲有一定之數卽有一定之理知其然不知其所以然妄以月體盈虧解之至理真數之冥昧也久矣今作圖

卦　乾納甲　震納庚　艮納丙　離納壬　戊各

以七數之而循環

卦　坤納乙　巽納辛　兌納丁　坎納癸　已各

以七數之而循環

江氏此說可謂窮思極想矣然於卦位猶有未合余更補圖以明之乾坤艮巽四維之卦十干所不臨故乾寄戊坤寄己巽寄乙艮寄庚而起數乾六也退一而寄於戊五坤二也進八而寄於己十巽四也退一而

寄於震三艮八也退一而寄於兌七故乾自戊起數戊至七爲甲則乾納甲坤自己起數己至七爲乙則坤納乙巽自乙起數乙至七爲辛則巽納辛艮自庚起數庚至七爲丙則艮納丙陽卦從陽干陰卦從陰干卽爲所納之數也

四正之卦卽震離兌坎是也卽以本宮所臨之干陽卦以陽干起數陰卦以陰干起數至坎離則陰陽互易其根故震起數於本宮之陽干甲甲至七爲庚則庚爲震所納者也兌起數於本宮之陰干辛辛至七爲丁則丁爲兌所納者也離起本宮之陽干丙丙至七爲壬則壬爲離所納者也坎起對宮之陰干丁丁至七爲癸則癸爲坎所納者也坎離二卦起數與所納之數皆在陰陽互易其根之中學者反覆求之一部大易思過半矣

故乾坤由戊五己十而納甲乙則三八成友也艮兌由庚九辛四而納

丙丁則二七共朋也震巽由甲三乙八而納庚辛則四九同道也坎離由丙二丁七而納壬癸則一六共宗也千變萬化無非河洛之作用而已

四論一與六共宗三與八成友其生成之數何以兩卦相互至二與七爲朋四與九同道何以易位

如圖一與六共宗天一生癸水地六壬成之是也三與八成友天三生甲木地八乙成之是也因一與三奇數也六與八耦數也故不必易位而生成至二與七爲朋四與九同道二七生成之數不在坤兌而在巽離四九生成之數不在巽離而在坤兌爲天二生丁火地七一丙成之天九生庚金地四辛成之必易位而生成者因奇耦之數相反故也總之生數在前可不易位成數在前不能不易位

五論四維

管子曰四維不張國乃滅亡四維乾巽艮坤是也淮南子天文訓子午

卯酉繩丑寅辰巳未申戌亥爲四鉤東北爲報德之維西南爲背陽之

維東南爲常羊之維西北蹏通之維四維在四鉤之中

凡數之生成納音納甲律呂運氣皆起於四維今術家所名一切神煞

三合六合貴德祿馬之類無非四維而已

今術家言神煞均未知其理若能將四維之理熟玩之則知神煞生於

卦與十干十二支其理自明矣

六論易逆數也

是故易逆數也一句將先後天卦位卦理卦象卦數包括殆盡故一部

大易只有乾坤二卦乾坤之關鍵只在逆數二字神仙家之言丹道亦

無非順逆二字而已

先天卦位順數如甲圖逆數如乙圖後天卦位順數如丙圖逆數如丁

圖

甲圖

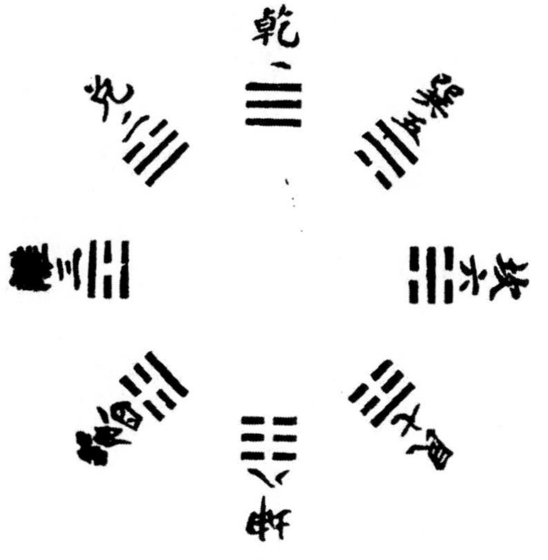
乾一
巽五
坎六
艮七
坤八
震四
離三
兌二

乙圖

坤居乾一位
巽居巽五位
離居坎六位
兌居艮七位
乾居坤八位
震居震四位
坎居離三位
艮居兌二位

丙圖

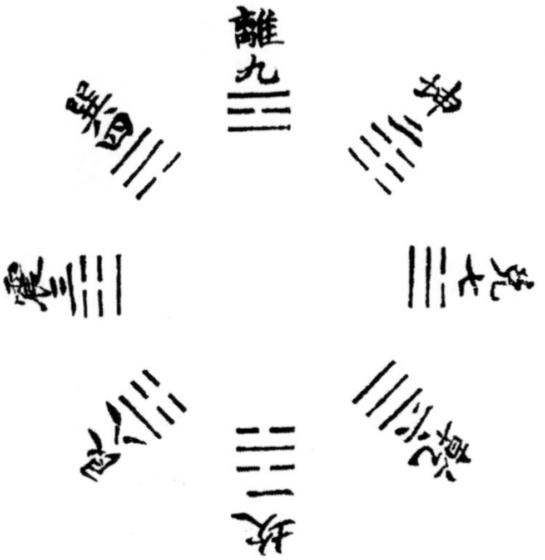

丁圖

坤艮易位指先天卦位言艮七坤八逆數之卽爲乾一兌二此所謂交不交是也

二八易位指後天卦位言與坤艮易位不同不可混而爲一也

入鬼之門在二與八人謀鬼謀二八易位盡之矣然以逆數觀之二八可易位一九亦可易位三七亦可易位四六亦可易位獨言二八者因二八之數易位坎至巽一二三四乾至離六七八九數可易位然以中五爲幾則不必易位艮坤與中五之數爲二五八有此幾則爲人無此幾則爲鬼而已

七論水火相逮風雷不相悖山澤通氣

說卦第五章水火相逮雷風不相悖山澤通氣卽後天卦位數之之法與天地定位一章截然不同此章以乾坤爲神惟神乃能化育故神者乾坤而已吳氏澄以雷風不相悖之不字爲衍文實由於不知數之之法爾茲列二圖以明之

順數圖

逆數圖

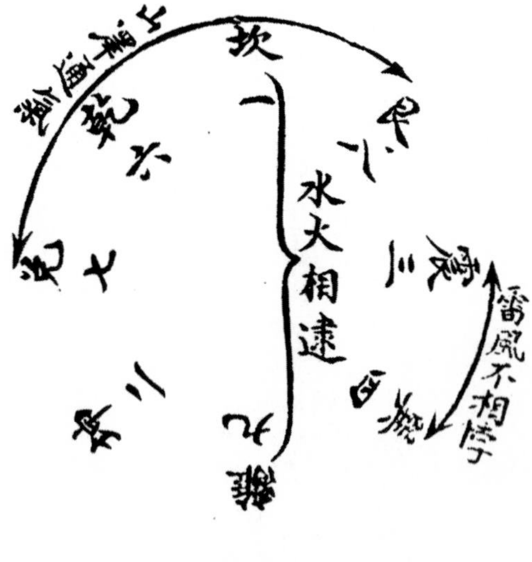

坎離對待順數之由九而一逆數之由一而九故曰水火相逮

震巽先天對待在後天比和順數之由三而四逆數之由四而三故曰

雷風不相悖

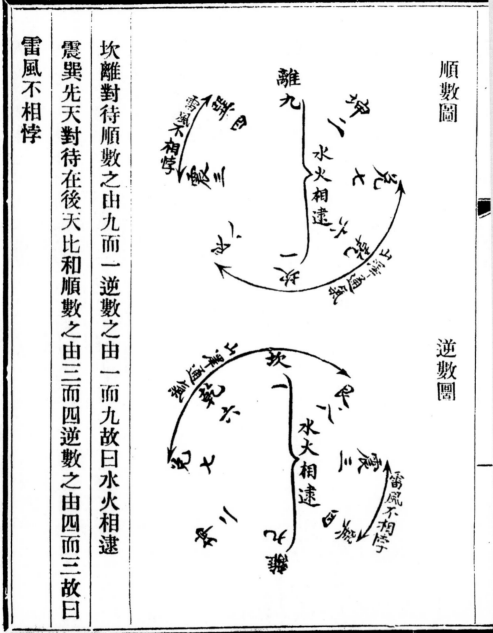

兌艮先天對待後天雖隔四位然順數之由七而八逆數之由八而七
故曰山澤通氣

八論易之數

卦數天一地二天三地四天五地六天七地八天九地十凡奇皆天數
也耦皆地數也

先天之數乾一兌二離三震四巽五坎六艮七坤八是也先天之數相
對皆爲九四九得三十六邵子所謂三十六宮都是春是也

後天之數坎一坤二震三巽四乾六兌七艮八離九是也中有五謂之
天地之心卽戊己後天之數相對皆爲十

後天四正之卦爲坎離震兌四維之卦爲乾巽艮坤由一六共宗二七
爲朋三八成友四九同道五五相守之生成數而得十干震中甲乙離
中丙丁兌中庚辛坎中壬癸中央戊己是也以數數之甲一乙二丙三

丁四戊五己六庚七辛八壬九癸十五六居天地之中卽戊己也

以生成之數數十干甲三丙七戊五庚九壬一乙八丁二己十辛四癸

六是也

至十二支四正之卦有四坎中子離中午震中卯兌中酉四維之卦有

八艮中丑寅坤中未申巽中辰巳乾中戌亥以數數之子一丑二寅三卯四辰五巳六午七未八申九酉十戌十一亥十二支之數對待子一與午七得八丑二與未八得十寅三與申九得十二卯四與酉十得十四辰五與戌十一得十六巳六與亥十二得十八得七十有八加四維之乾六巽四坤二艮八得九十有八半之爲四十有九卽大衍之數五十其用四十有九也有以戌亥無數者誤也若戌亥無數則年月日時無此辰矣

十干之數甲一與庚七得八乙二與辛八得十丙三與壬九得十二丁四與癸十得十四合戊五己六遞如之得五十有五甲一庚七丙三壬九戊五此天數也凡二十有五乙二辛八丁四癸十己六此地數也凡三十天數屬陽地數屬陰

以十二支藏甲之數計之子藏癸六丑藏癸六辛四寅藏甲三丙七卯

藏乙八辰藏乙八癸六巳藏丙七庚九午藏丁二未藏丁二乙八申藏庚九壬一酉藏辛四戌藏辛四丁二亥藏壬一甲三合之得百半之得五十即太衍之數也

太玄經子午之數九丑未八寅申七卯酉六辰戌五巳亥四甲己之數九乙庚八丙辛七丁壬六戊癸五此即納音之數也如甲子乙丑金甲數九乙數八子數九丑數八相加得三十四以五除之餘四故爲金丙寅丁卯火丙數七丁數六寅數七卯數六相加得二十六以五除之餘一故爲火餘類推之

就以上諸數觀之三才之數備矣易與天地準人在天地之中所見者天地也人戴天而履地故先天之數乾一坤八天地定位矣後天之數離九坎一合之爲十合之者人也人何在在中五立極孔子所謂五十學易殆指此也干中之數天地備焉俗謂之天干非也奇爲天耦爲地

支中之數亦有天地存焉必半之而得大衍之數而得其用四十有九之數何耶因人在天地之中其體適得天地之半而已俗謂之地支亦非也

或云至十二支藏甲之數何以不用四維之數曰五章中論四維因納甲之數皆出於四維四維之數已存乎其中可不用也

九再論先甲三日後甲三日先庚三日後庚三日其甲庚皆在互卦之中此中爻之大用蠱之卦辭先甲後甲因蠱☶☴中爻爲兌兌中有辛又中爻爲震震中有甲蠱之下卦爲巽後天卦位巽居震卦之後故曰先甲上卦爲艮艮居兌卦之後故曰後甲先甲三日辛也辛在兌中與震相對後甲三日丁也由丁而入戊己戊己而入庚庚亦在兌宮也亦與震相對先甲後甲含有戊己言也

巽之先庚後庚其意亦同因巽☴☴中爻互離離中有丙丁中爻又互

兌兌中有庚辛先庚三日丁後庚三日癸是先天坎離對待卽後天震兌對待而後天之巽又居先天之兌其氣貫注猶言自巽而至離至兌必由戊己之樞機然後可以至庚後庚三日意同

楊氏萬里誠齋易傳釋巽之九五曰甲者事之始庚者事之賡甲於四時爲春於五行爲木蠱之下卦巽也巽爲木故言甲庚於四時爲秋於五行爲金於五色爲白巽之上下卦皆巽也巽爲白故曰庚豈的論哉

十論連山歸藏與周易之别

連山歸藏不知始於何時杜子春云連山伏羲歸藏黃帝鄭氏玄曰夏曰連山殷曰歸藏周曰周易後世皆以歸藏黃帝所作故黃帝一號歸藏氏羅氏路史炎帝紀神農氏作連山易故神農一號連山氏歸藏鄭氏以爲夏易孔子至杞得坤乾卽歸藏也連山爲商易歸藏首坤連山首艮周易首乾此由時之不同運會之異也

歸藏連山今不可見世所傳歸藏連山諸書大都係繇詞然證之龜文其古雅相似惟黃帝命大撓作甲子八卦合成二十四氣以定年又作十二律呂以二十八宿爲十二次內經中五運六氣他如奇門太乙六壬納音之類皆由八卦而來未有卦理不明而能作甲子者是連山歸藏之作在神農黃帝之時可無疑義至今日鑿鑿可據者如禮之月令書之二典皆在三代以上

連山歸藏非與周易有異也學者每以爲三易不同實誤也伏羲畫卦只有一易錯綜變化無非在八卦之內不能出八卦之外連山首艮歸藏首坤不過二八易位而已

連山歸藏之書雖不可見然周易卦辭彖辭爻辭中似或有之如震之卦辭益之彖辭爻辭嘗疑係採用二書者又焦贛易林中疑亦有連山歸藏之佚文

十一楊魏關來馮姜端木諸氏之易

古今言易者探賾索隱爲人所不道者有六家揚氏雄太玄經魏氏伯陽參同契關氏朗洞極經關書舉世以爲僞書然散見文中子者與洞極經之生育資之說異其言曰乾坤屯濟時之門變之開闔也餘六十卦爲六十時而小言之六時而已又曰時也者係乎君天下者也君天下得君子之道則時亨得小人之道則時蹇又言夬之革古之占卦盡之矣來氏知德獨居求溪山中著周易集註其說雖爲漢宋兩派所攻訐要之苦心孤指實千古之卓卓者也馮氏景雖不著易散見文集中其言頗多實用姜氏垚易原三卷爲海內孤本以六十四卦爲治心之學皆歸於心心者非他即天地之心孔子五十學易之道也惜其文晦使人墜於恍惚之中此姜氏之所短也端木氏國瑚周易述以爻辰爲主其學卓然成家亦一有用之書也

十二論易與方技之關係

世俗醫卜星相堪輿律呂皆出於易

醫之五運六氣見素問運氣七篇寒暑燥溼風出於天地生成之數卽五運也太陽厥陰少陰少陽太陰陽明出於爻辰十二次舍是爲月令之氣年年定局不易以南政北政輪布氣相得爲和不相得爲害卽六氣也以天地造化之機與人身相應其理皆出於易

卜筮者龜主卜蓍主筮今龜卜已佚蓍筮人猶能爲之朝鮮日本均以蓍无蓍易以竹蓍草伏羲文王二陵周公墓孔林皆產之漢易中言筮理首推京氏房嚴氏可均輯京氏易八卷尙可讀後世以錢代蓍出火珠林人以爲出於京氏誤也且通行本之火珠林非舊法也

筮之變相爲六壬吳越春秋謂伍員范蠡皆精此術太史公曰越王勾踐倣文王八卦以破敵國霸天下卽六壬也國語泠州鳩之對七律亦

卽六壬又有風角奇門風角今多不用奇門較筮爲簡易且占斷亦較

筮爲易遁式二百十六局今云百八局僅得其半耳惜術士杜撰名目

將卦名竄改又增設神煞名目以炫世人實可鄙也又有太玄經占邵

子皇極經世占皆筮之流也惟起數略有不同爾

星命推人命之榮枯皆出於易分演卦演禽納甲納音四種演卦者卽

今之河洛經數將年月日時之數分奇耦數各若干奇數與天數相加

減耦數與地數相加減所得之數演成一卦是也惟支之起數如子爲

一六之類是湊合生成之數於義有所未妥演禽卽用易之爻辰洵古

法也韓退之三星行我生之辰月宿南斗牛奮其角箕張其口牛不見

服箱斗不挹酒漿箕獨有神靈无時停簸揚東坡亦謂生時與退之相

似吾命在斗牛間而身宮亦復在焉卽演禽也納音取年月日時五行

生剋推人休咎納甲卽今之子平法

相人之術一切名詞皆出於爻辰宮度氣色合五運六氣

堪輿堪天道輿地道最古之書爲青囊經共百有八句其法全出於易

堪輿者天地之氣合而爲一而已其法以三白爲吉三白者乾六白坎

一白艮八白是也其所以吉者天南地北三白在北人得地氣故吉有

清言易者如胡氏朏明江氏永紀氏大奎張氏惠言端木氏國瑚所著堪

輿諸書咸與易理相悖是經生之於易知其體而不知其用故有此弊

律呂其源出於隔八相生及爻辰故十二律合十二次舍自子至巳爲

陽律陽呂自午至亥爲陰律陰呂六十甲子有納音蓋六十律旋相爲

宮之法也一律合五音十二律含六十音也

方技爲易旁門神仙家者流金丹玉液煉形服氣爲易之左道其桀者

亦剽竊易理爲之可置勿論

十三論參同契爲人易

人在天地之中猶戊己之於水火先天上乾下坤後天上離下坎若僅用先天則孤陽不生獨陰不長而已後天之坎離卽先天之乾坤以己之一陰交於乾而爲離以戊之一陽交於坤而爲坎故上經始乾坤而終坎離

乾坤者何闔闢是也乾坤何以而變坎離闔闢之功也故乾坤體也闔闢用也乾坤而變坎離體用備矣

坎離者水火也人非水火不生活人易者何以戊己調劑水火而已矣蓋五行生剋之理火能生土土能剋水能知其理使後天復爲先天含元播精水火匡廓者其實克己復禮四字而已

參同契一書舊謂丹經之祖然其言養生之理皆本於易其謂之丹謂之黄姹卽戊己也所謂水火卽坎離也龍虎卽震兌也非深明易理者不能作不可以爲神仙方技之書而忽之也

十四釋焦氏易林

周易至漢分而爲三焦氏贛其一也著易林十六卷爲言易者所不解其學遂絕苟有深明象數者就焦氏之說一一爲之詮注可以發無窮之義蘊草示兒錄至此適友人曾春沂廉泉以艮之離暨乾之隨來詢卽爲解之如左

艮之離　一⚋×一⚋×　其繇詞曰秦儀機言解其國患一說燕下齊相以權

秦儀辯士也中爻互震震蘇蘇秦之姓也互坎坎中滿張之象儀之姓也今變離則互變兌兌爲口爲言震動也動其口機言也解者卽中爻之震坎雷水解也坎其於人也爲加憂今中爻變巽巽風也風以散之散其憂卽解患也何謂國震驚百里不喪匕鬯百里國之象也兌說也十二次之分析木燕也爻辰在寅卽艮之九三今變兌木爲金害城下

之象齊玄枵之次爻辰在子凡卦之初九爻屬之今初六變初九爻在齊矣離之象曰明兩作離大人以繼明照於四方曰繼權也曰明照於四方相也相字從目

乾之隨 ⊖一一⊖⊖一 其繇詞曰乘龍上天兩蛇爲輔踴躍雲中遊觀滄海民樂安處

龍爲天震爲龍又震動也龍動上天之象乘卽乾之時乘六龍以御天是也中爻變巽巽中有已已蛇也二爻變爻辰又在已已亦蛇也故曰兩蛇輔者先天卦位乾之左右爲兌爲巽後天卦位震之左右爲巽爲艮是也震動也踴躍之象乾之九二見龍在田爻辰在寅寅爲析木之次漢津也雲之象亦滄海之象也九五不變龍飛在天矣九二爻變得離之正位離爲目觀之象九二爻變又得坤之正位坤爲衆民之象兌爲說樂之象巽順也安之象艮止也處之象

焦氏之說蓄取諸古人及當時之繇詞不明其理始終不能解其一字見易林註數種大都望文生訓與易理不相涉安用此注也

十五玩易之法

玩易與讀他書異故易用玩字玩易先演卦綮其變通詳其爻位玩一卦也先求其卦詞詞不得則求之彖彖不得則求諸綜綜不得則求之錯錯不得則求之中爻中爻不得則求之卦位爻辰再不得則求諸辟卦氣候凡爻變者以變爻亦如上法玩之

玩易不可拘泥門戶漢宋諸家各自立說末學紛歧互相聚訟此最不可易以陰陽爲主三才之道悉備千言萬語不能出一理字合於理者雖田夫野老之言勿遺也不合於理者雖名儒大師勿從也經生多墨守自封往往强不知以爲知若而人者豈可玩易也哉

善易者不言易文章引用易語不可若且故古人之文引詩引書者多

引易者少因易義難明恐致謬失也非深明其理不可妄引

沈瓞民先生 祖縣 以其先德竹礽公周易示兒錄祕册三編相假余窮三日夜之力手鈔藏功神游其中者復數日夜而通其大恉焉昔我髫齔從師受經呵責敎刑所加曾不能悟其隻字者不謂三十年後一旦貫通周易於沈先生則沈先生之益我豈少也哉 竹礽公之治易能明提綱澈淵源通天人之理故所言與當時之經生異經生治易祇在字面上用功夫而 公則憑理而言皆成妙諦於此尤可悟讀書之法戊辰五月申振剛鈔畢敬記

周易示兒錄下編終

錢塘沈紹勳撰

論京房世位爲上下經序卦之本

或問紹勳著易解每卦首必列京氏世數似爲卜筮而設豈知此中原理世人多未之知此爲治易之本不明此理不能明卦之序也此必古聖相傳在漢唯京氏深明其理今卜筮猶用之因孔子贊易未有明文故世人遂以爲疑謂爲京氏所作或乃薄京氏之爲人而並廢其說此實謬矣

上下經序卦有一定之理如本宮上世之卦爲八純卦而自爲序上經之乾坤坎離下經之震艮巽兌是也上經以陰陽爲序下經以陽與陽陰與陰自爲序

居三世者亦自爲序如泰否咸恆損益既濟未濟是也凡卦八先天對

待之位也因上世係第六畫三世係第三畫六三相加爲九奇也故各自爲序

屬遊魂者亦自爲序如需訟晉明夷頤大過中孚小過是也凡卦八屬歸魂者亦自爲序如師比同人大有隨蠱漸歸妹是也卦八遊魂則陰陽不交歸魂則陰陽交

二與四相加六也一與五相加亦六也爲耦數故卦序必二世與四世爲上下卦一世與五世爲上下卦如屯二世蒙四世遯二世大壯四世臨二世觀四世家人二四睽四世萃二世升四世此二世爲上卦四世爲下卦者也凡十卦又如无妄四世大畜二世蹇四世解二世革四世鼎二世此四世爲上卦二世爲下卦者也凡六卦又如謙五世豫一世噬嗑五世賁一世剝五世復一世夬五世姤一世豐五世旅一世渙五世節一世此五世爲上卦一世爲下卦者也凡十二卦又如小畜一世履五世困一世井五世此一世爲上卦五世爲下卦者也凡四卦其卦必乾坤坎離爲體而以震艮

易學經典文庫

巽兑爲用震艮巽兑者爲先後天同位之卦惟京氏僅言世位亦未説明其理

上下經二世四世相序一世五世相序圖

䷂屯　䷃蒙　雷山先後天同位

䷠遯　䷡大壯　山雷先後天同位

䷒臨　䷓觀　澤風先後天同位

䷤家人　䷥睽　風澤先後天同位

䷬萃　䷭升　澤風先後天同位

䷘无妄　䷙大畜　雷山先後天同位

䷦蹇　䷧解　山雷先後天同位

䷰革　䷱鼎　澤風先後天同位

以上十六卦皆二四兩世相互皆爲二陰二陽或四陰四陽

䷎謙　䷏豫　山雷先後天同位

䷔噬嗑　䷕賁　雷山先後天同位

䷖剝　䷗復　山雷先後天同位

䷪夬　䷫姤　澤風先後天同位

䷶豐　䷷旅　雷山先後天同位

䷺渙　䷻節　風澤先後天同位

䷈小畜　䷉履　風澤先後天同位

䷮困　䷯井　澤風先後天同位

以上十六卦一五兩世相互皆爲一陰一陽或三陰三陽或五陰五陽

紹勳按先後天同位之説人每以爲異今序而出之始知有條不紊无乾坤坎離者因先後四正之位也同位者必震艮必巽兌爲長男少男及長女少女也如是則上下經之序始可知而先後天同位之説亦不

疑矣此之謂易與天地準此之謂變通千變萬化歸根于一一者何太極也由是知錢氏大昕之說六十四卦兩象易圖不足以窺全體爾至卦序凡四正卦對待相序如乾坤自相序坎離自相序是也四維卦艮巽相序艮不與巽序巽不與震序兌震相序兌不與艮序震不與巽序其理見示兒錄中編十論互卦之理篇中其源出于否泰二卦也至遊魂歸魂之序另有次序學者可按周易易解中六十四卦二首註推之自能明瞭

再論序卦

序卦與辟卦有關

如乾之變　上夬　五大有　四小畜　三履　二同人　初姤

姤夬序　同人大有序　履小畜序

如坤之變　上剝　五比　四豫　三謙　二師　初復

復剝序　師比序　謙豫序

乾坤二卦各自爲序

如泰之變　上大畜　五需　四大壯　三臨　二明夷　初升

如否之變　上萃　五晉　四觀　三遯　二訟　初无妄

升萃序　明夷晉序　臨觀序　大壯遯序　需訟序　大畜无妄序

如臨之變　上損　五節　四歸妹　三泰　二復　初師

如觀之變　上比　五剝　四否　三漸　二渙　初益

師比序　復剝序　泰否序　歸妹漸序　節渙序　損益序

如遯之變　上咸　五旅　四漸　三否　二姤　初同人

如大壯之變　上大有　五夬　四泰　三歸妹　二豐　初恒

同人大有序　姤夬序　否泰序　漸歸妹序　旅豐序　咸恒序

以上六辟卦皆兩卦互序

如剝之變　上坤　五觀　四晉　三艮　二蒙　初頤

如復之變　上頤　五屯　四震　三明夷　二臨　初坤

此二卦初上不相序頤序夬姤兩卦之變大過坤序夬姤兩卦之變

乾　蒙屯序　艮震序　晉明夷序　觀臨序

如夬之變　上乾　五大壯　四需　三兌　二革　初大過

如姤之變　上大過　五鼎　四巽　三訟　二遯　初乾

革鼎序　兌巽序　需訟序　大壯遯序

以上四序卦初上兩爻互序

觀以上十二辟卦之變卽爲七十二候其中六十四卦而无坎離既濟

未濟隨蠱噬嗑賁家人睽蹇解困井中孚小過十六卦如下圖

坎宮　坎　既濟

離宮　離　未濟

坎離序　既濟　未濟序

艮宮　賁　睽　中孚

兌宮　困　蹇　小過

震宮　解　井　隨

巽宮　家人　噬嗑　蠱

賁噬嗑序　困井序　解蹇序　家人睽序　中孚小過序　隨蠱序

以上十六卦除隨蠱中孚小過外各卦之之變必互相爲序學者一一演之可也至彼四卦中孚始終于坎中爲乾中孚中孚小過乾始終于離而中爲坤小過小過坤隨始終于否而中爲既濟隨隨既濟蠱始終于泰而中爲未濟蠱蠱未濟故世人以乾坤否泰坎離既濟未濟爲卦中之主宰然其要仍在歸游茲列四圖以明之

中孚

坎 蒙 訟 巽 觀 中孚
屯 頤 无妄 家人 中孚 觀
需 大畜 乾 中孚 家人 巽
兌 睽 中孚 乾 无妄 訟
臨 中孚 睽 大畜 頤 蒙
中孚 臨 兌 需 屯 坎

渙 益 小畜 履 損 節

隨

否 豫 比 咸 困 隨
履 歸妹 節 夬 隨 困
同人 豐 既濟 隨 夬 咸
益 復 隨 既濟 節 比
噬嗑 隨 復 豐 歸妹 豫
隨 噬嗑 益 同人 履 否

萃 兌 革 屯 震 无妄

小過

離 革 明夷 震 大壯 小過
鼎 大過 升 解 小過 大壯
晉 萃 坤 小過 解 震
艮 蹇 小過 坤 升 明夷
遯 小過 蹇 萃 大過 革
小過 遯 艮 晉 鼎 離

豐 恆 豫 謙 咸 旅

蠱

泰 小畜 大有 損 賁 蠱
謙 漸 旅 剝 蠱 賁
師 渙 未濟 蠱 剝 損
恆 姤 蠱 未濟 旅 大有
井 蠱 姤 渙 漸 小畜
蠱 井 恆 師 謙 泰

大畜 艮 蒙 鼎 巽 升

論象數理

物生而後有象象而後有數所謂數者有先天之數有後天之數有互體之數有先後天同位之數又有損益之數（讀損益兩卦自明）所謂象者說卦傳近取諸身遠取諸物是也凡天下之物莫不有象可見亦莫不有數可紀故象以形見數以形推是象由實而生數則由虛而生者也至于理舉凡格致誠正修齊治平之道莫不包括其中由象數而窮理其所見有淺深小大視其人之才質若何孔子曰仁者見之謂之仁知者見之謂之知窮理功夫二語盡之矣故形而上者理也形而下者象也形而上下之間者數也故不明象不足以言數不明數不足以言理不明理不足以言易

推論卦位

或謂卦位出於後天出於先天非也今知卦位出于自然之理无絲毫

假借實出於先天无疑義如乾宮八卦之位如下圖

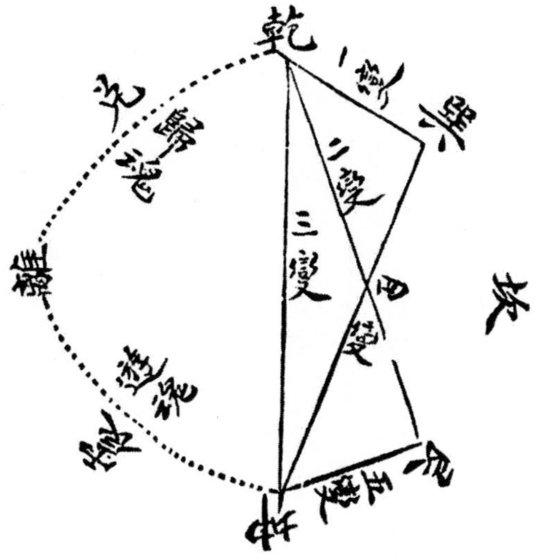

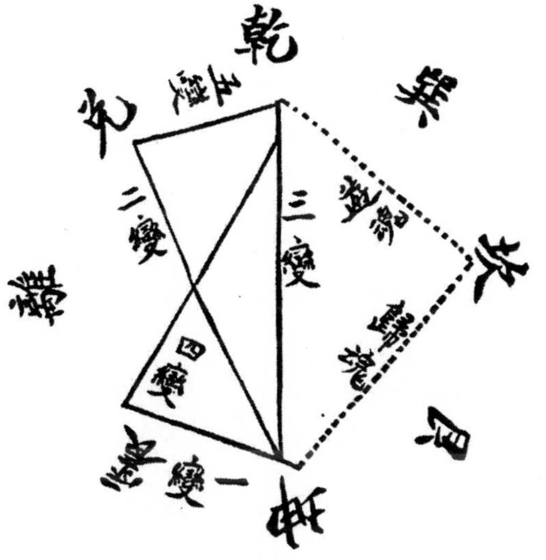

如圖乾爲天䷀初變爲天風姤䷫二變爲天山遯䷠三變爲天地否䷋四變爲風地觀䷓五變爲山地剝䷖游魂爲火地晉䷢歸魂爲火天大有䷍

按上圖成三角形乾不用坎兌震其餘坤離坎震巽艮兌各卦如上法演之坤與乾相反對而成列之形同惟乾不用坎兌震坤不用離艮巽離坎相反對而成列之形同惟離不用坤震兌坎不用乾巽艮震巽相反對而成列之形同惟震不用乾離艮巽不用坤坎兌艮兌相反對而成列之形同惟艮不用坤坎震兌不用乾離震而已

論辟卦之世位

乾 ䷀ 本宮上世四月卦建巳

姤 ䷫ 世居初爻正月卦建午

遯 ䷠ 世居二爻六月卦建未

否 ䷋ 世居三爻七月卦建申

觀 ䷓ 世居四爻八月卦建酉

剝 ䷖ 世居五爻九月卦建戌

坤 ䷁ 本宮上世十月卦建亥

復 ䷗ 世居初爻十一月卦建子

臨 ䷒ 世居二爻十二月卦建丑

泰 ䷊ 世居三爻正月卦建寅

大壯 ䷡ 世居四爻二月卦建卯

夬 ䷪ 世居五爻三月卦建辰

如寅申己亥四生之月也必居本宮上世及三世辰戌丑未四墓之月也必居二世五世子午卯酉四旺之月也必居一世四世消息盈虛之理悉在此中

先後天同位

或問先後天同位于理則確乎其不可拔奈古人未言之乎答曰古人言此者甚多惜人不悟耳君治左氏傳如閔二年成季之將生也筮之

過大有之乾曰同復于父敬如君所又如定成十六年晉楚戰于鄢陵
筮之過復曰南國蹙射其元王中厥目非以先後天同位釋之則理萬
不能通且同復于父杜注乾爲君父離變爲乾故曰同復于父見敬其
尊與君同孔疏離是乾子還變爲乾故云同復于父言其尊與父同也
國人敬之其敬如君之處所言其貴與君同也細繹之自明

之變

或問爻動而變初无卦之可言不過陰陽之變而已而子固執某爻爲
某卦恐非經旨且王氏應麟曰乾初九復也坤初六姤也與子之說不
合答王氏之說是指卦位言也與變不同子治左氏傳左氏所舉筮說
即能知余之不悖經旨如昭二十九年秋龍見于降郊其言曰周易有
之在乾之姤曰潛龍勿用其同人曰見龍在田其大有曰飛龍在天其
夬曰亢龍有悔其坤曰見羣龍无首吉坤之剝曰龍戰于野是也

論歸魂之理

或問讀示兒錄初編謂先天之卦隔二位爲游魂歸魂二編謂乾坤坎離生歸游周易易解歸魂游魂由八純卦之之變而來三者可一貫之歟答曰先天之位隔二位排列之卽成歸游如甲圖

甲

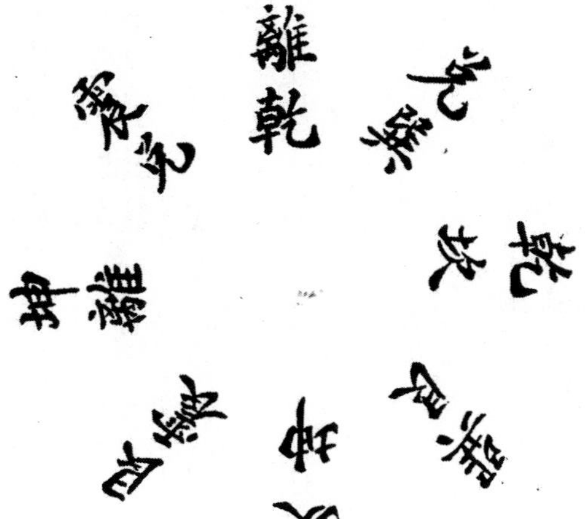

如乾離相遇爲大有同人兌震相遇爲隨歸妹巽艮相遇爲漸蠱坎坤

相遇爲師比此歸魂也

離坤相遇爲晉明夷震艮相遇爲頤小過坎乾相遇爲訟需巽兌相遇

爲中孚大過此游魂也

其可以分別之者凡陰陽相遇爲歸魂陽遇陽陰遇陰爲游魂其大別

之則在變之一字至後天之數如乙圖

乙

易學經典文庫

如圖乾離相遇爲同人大有坤坎相遇爲師比震兌相遇爲隨歸妹巽艮相遇爲漸蠱以中五爲樞幾加減八宮爲一二三四其數莫不相對至游魂在後天之位如丙圖

丙

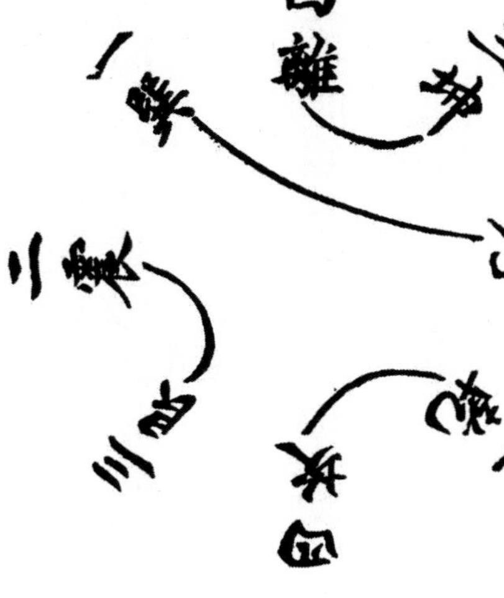

離坤相遇爲晉明夷兌巽相遇爲中孚大過震艮相遇爲小過頤乾坎相遇爲訟需陰陽不交此游魂也示兒錄初編之說卽指此

至二編言坎離與乾坤成歸魂言四卦之大用蓍後天以坎離代乾坤其實仍不能出先天陽二位之理因坎離在先天後天皆對待也

至八純之之變在二五兩爻如乾之二五爻爲同人大有則離之二五爻必爲大有同人是卽甲圖之乾離相遇也坤之二五爻爲師比則坎之二五爻必爲比師是卽甲圖之坤坎相遇也震之二五爻爲歸妹隨則兑之二五爻必爲隨歸妹卽甲圖之兑震相遇也巽之二五爻爲漸蠱則艮之二五爻必爲蠱漸卽甲圖之艮巽相遇也是以八純卦之之變中皆无游魂

紹勳昔言歸魂爲吉人多不之信然以二五兩爻爲吉人皆視爲不刊之論視八卦之之變悟以上各卦之錯綜參伍從可知二五之吉矣明乎此細視甲圖知陽二位陽見陽陰見陰者不生不化皆游魂也

再論歸游之理與二五之尊

易學經典文庫

歸游與成卦之理最有關係凡卦之變六爻中有歸游者取二卦連繫之如乾之九二爲天火同人☰☲九五爲火天大有☲☰繫之爲☰☲☲☰所包者離漢易荀氏主升降乾升坤爲坎坤升乾爲離即是此意卦之之變有歸游者取歸游无歸游者取二五兩爻則世位相同陰陽相反其兩卦升降時必含消息之理如以別爻包之不爲歸游或本卦矣今以六十四卦之序列之一種之次序于先後天圖之外又有別圖矣此古人所未言也

乾離　坤坎　屯臨　蒙觀　需晉　訟明夷　師比　比師　小畜困

履井　泰未濟　否既濟　同人大有　大有同人　謙噬嗑　豫賁　隨歸妹　蠱漸

臨屯　觀蒙　噬嗑謙　賁豫　剝豐　復旅　无妄睽　大畜家人

頤大過　大過頤　坎坤　離乾　咸益　恆損　遯鼎　大壯革

晉需　明夷訟　家人大畜　睽无妄　蹇升　解革　損恆　益咸　夬

渙 姤節 萃解 升蹇 困小畜 井履 革大壯 鼎遯 震兌 艮

巽 漸蠱 歸妹隨 豐剝 旅復 巽艮 兌震 渙夬 節姤

中孚小過 小過中孚 既濟否 未濟泰

知此則爻變之說有條不紊而序卦之先後世運之泰否粲然可知漢宋兩派无窮之障礙皆可廓然變化雖萬殊其理實簡易也

論九卦

九德三陳係易中最難通之義紹勳著易解時己詳言之矣近自推出一種卦象雖亦無關要義不過思之既久僅僅得此姑存之

履 ䷉ 三爻變爲乾上爻變爲兌

謙 ䷎ 三爻變爲坤上爻變爲艮

復 ䷗ 初爻變爲坤四爻變爲震

恆 ䷟ 初爻變爲大壯二月建卯

損 ䷨ 上爻變爲臨十二月建丑

益 ䷩ 初爻變爲觀八月建酉

困 ䷮ 初爻變爲兌四爻變爲坎

井 ䷯ 三爻變爲坎上爻變爲巽

巽 ䷸ 不變

大壯建卯卯爲先天之離位觀建酉酉爲先天之坎位履謙爲乾坤兌艮恆益爲坎離復變爲震震長子代父主政疑侯氏果所謂復道之最井爲巽先天卦位俱全惟困變兌不知何故而損變臨亦不能解

紹勳按履九四變損六五變益六二變爲中孚大象似離謙六四變恆九二變爲小過大象似坎復上六變損九二變益九五變爲頤大象似離困六三變井六四變爲大過大象似坎其之變皆爲游魂其大象皆爲坎離坎離者乾坤之大用推序卦之原游魂中自相序者其惟中孚

小過頤大過而已矣加以巽其理又不可知

論子夏傳

子夏傳非七十子之子夏作也傳中多漢人說經語漢書鄧彭祖字子夏習易有鄧氏學今子夏傳或係鄧氏所作歟田何傳丁寬寬傳田王孫王孫傳梁丘賀賀傳五鹿充宗充宗傳鄧彭祖

論孟喜易

孟喜之易多與靈樞素問相參苟能將二書闡明之孟氏易始可得明

論蜀才易

張皋文謂蜀才之易大約用鄭虞之義爲多卦變全取虞氏其不同者剝爲師夬爲同人張氏之說宗虞氏消息蜀才以剝爲師夬爲同人亦消息之備者也剝者坤艮所演之數也先天相比師者坎坤所演之數也由坤而至坎艮在其中卽先後天同位之卦也夬者乾兌所演之數

也先天相比同人者離乾所演之數也由乾而至離兌在其中卽先後同位之卦也張氏專言消息奈何於此中消息之大用獨未知之

論八卦九宮无區別

八卦著于易九宮見大戴禮又乾鑿度引孔子語太一取其數以行九宮四正四維皆合于十五人以爲八卦相因得六十四卦九宮爲八十一宮其數不同何以无區別豈知宮雖八十一宮而內所得卦數只有六十四九宮用後天卦位如下圖爲正格

四綠巽	九紫離	二黑坤
三碧震	五黃	七赤兌
八白艮	一白坎	六白乾

此圖不動不變卽八純卦其數縱横對待皆十五孔子所謂五十學易

者蓋指此此外變格有八非寄宮不可寄宮者卽對宮易位是也今人僅知二八易位於是有寄坤寄艮之說豈知以九宮觀之知乾巽可易位震兌亦可易位坎離亦可易位

五黃入中爲八純本宮上世之卦也其餘如乾巽坤艮震兌坎離以對待之法排之其世居莫不相同而其數係級數爲六與九與十二與十五與十八與二十一與二十四如下圖以坎入中

九紫離（鼎）	五黃（既濟）	七赤兌（萃）
八白艮（頤）	一白坎	三碧震（歸妹）
四綠巽（漸）	六白乾（訟）	二黑坤（泰）

如圖泰既濟爲三世卦歸妹漸爲歸魂卦訟頤爲遊魂卦萃鼎爲二世

卦坎爲本宮上世卦坎之對宮爲離如以離入中排之必有否乃泰之對也必有未濟乃既濟之對也必有隨乃歸妹之對也必有蠱乃漸之對也必有需乃訟之對也必有小過乃頤之對也必有臨乃萃之對也必有家人乃鼎之對也必有離乃坎之對也從可知坤排得之數必與艮對震排得之數必與兌對巽排得之數必與乾對

觀上圖宮雖九去入中不用及五黃加臨不用每次不過七卦七八相因得五十六卦再加五黃入中之八卦爲六十四卦入中與五黃加臨不用者因其位无定其氣亦无定寄他卦之宮故也此法漢書日者傳堪輿家言如此今通書猶沿用之

論參同契屯蒙二卦

讀參同契屯以子申蒙用寅戌二句世人多不能解蓋屯坎之二世卦也初爻庚子四爻戊申蒙離之四世卦也初爻戊寅四爻丙戌如下圖

屯

戊子 戊戌 戊申 庚辰 庚寅 庚子

蒙

丙寅 丙子 丙戌 戊午 戊辰 戊寅

識得二卦納甲之理此二句不難解矣參同契一書无非言坎離之大用故上篇卽闡明坎離陳顯微所謂坎離爲用也陳致虛註是二句謂屯以子申乃水生旺之鄉蒙用寅戌乃火生庫之位致虛之說實三合也屯不言辰蒙不言午然屯之第三爻有辰也蒙之第三爻有午也是辰已包括子申之內午已包括寅戌之內故不必言辰與午而辰與午已在子申寅戌之內矣如下圖論之可知屯蒙可繼乾坤之理矣然猶非的解也易之上下經序卦也非世人所能知何以以屯序蒙屯外卦坎也蒙外卦亦坎也合蒙屯兩卦而觀之如䷃䷂則兩坎所包者

爲雷山雷山其兩卦相序之機樞也如以三合解之以屯之外卦爲子申蒙以外卦爲寅戌若以屯之內卦爲辰子蒙以內卦爲午寅則彼此可通參同契之揭此二句无非以先天之乾坤卽後天之坎離視此圖卽知其大用

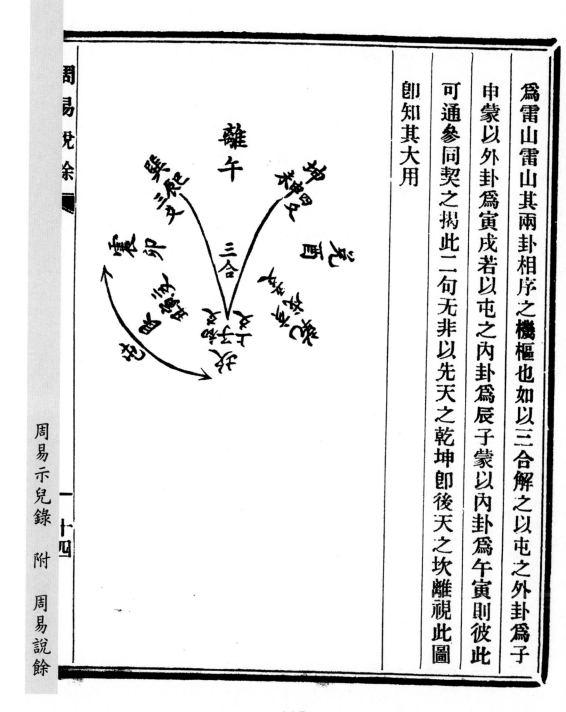

釋震足艮手

古今釋此者以爲震陽下横而動足象艮陽執持于上手象人以爲上下顛倒蓋以卦畫觀之似震手艮足因震之一似身⚏似兩手艮之⚏似兩足一似身殊不知卦畫自下上上震之正位在初其初九卽身象也其二三兩爻在初之下卽足象也震長男陽爻在初坎中男陽爻在中艮少男陽爻在三艮之正位

易學經典文庫

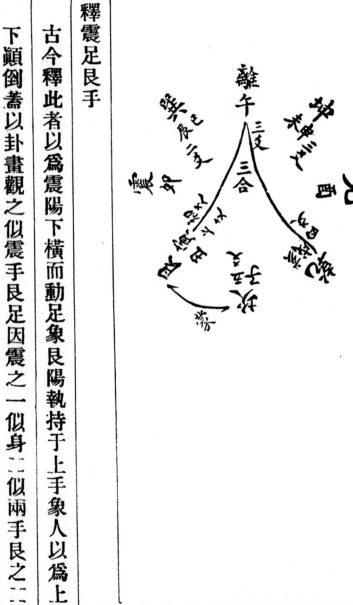

在三其九三卽身象也其初二兩爻在三之上卽手象也震足艮手何

嘗錯誤

雷☳山☶小過一卦卦辭象辭皆曰飛鳥遺之音象辭又重言以申明

之曰有飛鳥之象焉首下而足上首上則鳥不能飛讀此卦手足之合

象始明故以鳥體明之小過初二爻爲兩手三四爻爲體五六爻爲足

如初六☶爻飛鳥以凶鳥之飛也以翼初六爻變翼遇障礙之物不能

飛故曰以凶喻鳥之不能飛也其餘各爻可類推之

卦之七十二候可以由策推出之

或問近讀大著卦氣直解囊本洞悉本原昔日懷疑者一掃而空之惟

篇所言不論何卦皆具七十二候古人以爲位置雖如此然无策可推

今曰其候七十二由策而推出之百思不解其故乞詳示答曰出關氏

易傳乾坤之策義第四又盈虛義第五試舉一例以明之如子月未濟

蹇頤中孚復之五卦未濟三陰三陽之卦也陽爻九一爻三十六策三爻爲一百有八策參之得三十六陰爻六一爻二十四策三爻七十二策兩之得三十六兩數相加得七十二蹇四陰二陽之卦也陽爻九一爻三十六策二爻七十二策參之得二十四陰爻六一爻二十四策四爻九十六策兩之得四十八策以二十四與四十八相加亦得七十二頤二陽四陰之卦與蹇同推中孚四陽二陰之卦陽爻九一爻三十六策四爻一百四十四策參之得四十八陰爻六一爻二十四策二爻四十八策兩之得二十四策以四十八與二十四策相加亦得七十二復五陰一陽之卦也陽爻九一爻三十六策參之得十二陰爻六一爻二十四策五爻一百二十策兩之得六十以十二與六十相加得七十二卦卦如是可推而知關氏易傳以此爲精萃至于位置有一定之例已詳直解中不能以雖如是三字抹煞大義也

道書多採互卦

道書言神人神人卦也身披之衣頭頂之冠手執之物從者幾人其狀若何其色若何多從互卦演出一言道破則全部道藏所不易解者亦一目了然矣

卦爻十二辰

近人以復子臨丑泰寅大壯卯夬辰而乾之六陽爲己息姤午遯未否申觀酉剝戌而坤之六陰爲亥消與鄭氏之爻辰京氏之納甲概作爻辰解者非也此說其源出孟氏卦氣圖干氏從而推之謂乾子月自復來二丑月自臨來三寅月自泰來四卯月自大壯來五辰月自夬來上己月乾體乃備坤之姤遯否觀剝亦如之而後人誤爲爻辰以爲居世其實皆非也世是世此是世所奇之位也凡陽爻之世由子而上溯之復一世之卦世爻陽爲子臨二世之卦世爻陽爲丑泰三世之卦世爻

陽爲寅大壯四世之卦世爻陽爲卯夬五世之卦世爻陽爲辰乾上世之卦世爻陽爲巳至陰爻居世其位由午而上溯之姤一世之卦世爻陰爲午遯二世之卦世爻陰爲未否三世之卦世爻陰爲申觀四世之卦世爻陰爲酉剝五世之卦世爻陰爲戌坤上世之卦爻陰爲亥故十二辟卦以世所寄之位爲十二月者本也

釋神道設教

昔著易解於神道設教四字未能貫澈說卦神也者妙萬物而爲言者也神指乾坤言觀卦二五得位卦德已備觀八月之卦也其初六爲秋分天之運行一年始於冬至爲復由冬而春爲大壯由春而夏爲姤由夏而秋爲觀故曰觀天之神道而四時不忒天之神道卽四時之運行其令雖爲春夏秋冬之四時而其氣卽爲乾坤聖人以神道設教者卽以乾道坤道設教也

釋比之初六有佗吉

或問比之初六有佗吉均以佗作蛇解易中言佗者如大過之九四有它吝中孚之初九有佗不燕今以有佗爲吉則佗字似不應當作蛇解

答曰在比之世先王以建萬國親諸侯地上有水水流土潤畫疆分土民居比櫛有佗則地上必有水草人民始可安居此其所以爲吉也

釋履

大傳曰易之興也其當文王與紂之事耶是故其辭危危莫危見虎九卦處憂患故以履爲首此以紂爲虎人即文王自謂也故初九素履往无咎似微子九二履道坦坦幽人貞吉似伯夷六三眇能視跛能履履虎尾不咥人凶武人爲于大君似文王文王三分天下有其二紂之不善去之易易耳必强效眇之能視跛之能履而囚于羑里如虎咥人之象乃文王以服事殷冀紂之遷善改過德之盛也否則如武人爲于大

君以兵去而已矣此文王之所不爲也九四履虎尾愬愬終吉似箕子
九五夬履貞厲似比干上九視履考祥其旋元吉旋者似文王之歸岐
變兌兌位乎西岐在商之西兌之位也

釋家人睽兩卦

家人一卦似指周室文王囚于羑里幸其家齊賴以不亡不若紂之罪
在悅婦人惟婦言是聽而已睽卦似指紂事初九此爻似指紂之性乖
故以惡人目之九二此爻似指妲已入宮之初六三此爻似指紂无人
君之度九四此爻孤似指紂元夫似指文王六五此爻似指紂之不道
上九此爻似指紂之所爲天怒人怨也

釋觀之六四小象尙賓也

尙似呂尙疑西伯得呂尙立爲師左氏傳莊二十二年周史謂陳侯曰
若在異國必姜姓也姜太嶽之後也周史當時必有所本意者文王得

易學經典文庫

呂尙時所卜者卽此爻也此爻用韻語想周公居東作爻辭時引用文王語也至史記齊世家非龍非彲非熊非羆非虎非貔所獲霸王之輔而无卦名然與此爻諸象均合意者卽此爻也因上卦變乾乾爲龍也彲卽螭似龍而黃中爻互艮艮爲虎熊爾雅虎醜羆似熊黃白文亦虎類也下坤坤黃裳元吉文在其中也變乾乾爲六白貔尙書傳一名執夷虎屬也皆艮象也曰非者卦由變而來也乾又爲王霸王也輔者賓也變乾先天卦位巽在乾左輔也後天乾居巽位亦輔也陸氏績以尙作上誤

小象用矣字

或問先生易解革之九三謂小象用矣字僅此一爻然細玫矣不僅此爻何故答曰益之九三曰有孚惠心勿問之矣惠我德大得志也旅之九三旅焚其次亦以傷矣以旅與下其義喪也尙有二矣字然語氣未

完因下有也字也與革之九三不同

答或問

或問子言乾之九五言大人革之九五言大人而否之九五亦言大人

子以爲二今得其三何歟答曰否之九五兼言小人不專言大人也與

乾革兩卦有別

昔年肄業成均於小學詞章以外略習諸經而於易則少傳受讀輔

嗣易略及其易注雖於剛柔承乘之理稍有所悟而其精蘊實未能

明也庚午秋偶閱周易心有所感以爲士君子處治世則易若處亂

世非遯世无悶獨立不懼實不足以自守而應變欲具无悶不懼之

精神非深知易理不爲功遂以通易之法問於世丈沈瓞民先生承

先生逐漸講解闡微演數挾卷往返歷時數旬雖風雨弗間也後先

生出其先德竹礽公所著周易易解十卷示兒錄三編言將梓行囑

任校勘又其他說易之文散見各處者囑爲編次周易說餘一卷於
辛未春付印至秋始畢其間魯魚之誤仍未能盡别爲勘誤表於后
民國二十年辛未秋八月後學上虞鍾歆謹誌
歆又按易解隨之九五解佚閱公手批查悔餘周易玩辭集解有云
兌震後天對待孚之象震之先天爲離離爲火乾之文言曰言者嘉
之會也又曰嘉會足以合禮皆指離言因乾之九二變離也今曰孚
于嘉猶言孚于離也此節可補解佚特附入焉

周易說餘終

易大傳曰天地設位而易行乎其中矣乾坤毀則无以見易易不可見則乾坤或幾乎息矣故知天地而不知易是猶不知天地也知變易而不知不易是猶不知易也易之行於何見之見之於四時行百物生見之於消息盈虛動靜闔闢見之於往來上下進退存亡見之於變化云爲出處語默无往而非易也故曰神无方而易无體至賾至動而又至簡至易者其唯易乎易既爲六藝之原漢以來以說經名家者莫多於易封執異義遞相攻難並有所明而不能无遺各有所通而不能无蔀大抵有以見夫賾者動者多主於象數有以見夫簡者易者多主於義理合而觀之未可以偏廢也守一師之言而怵然自足者可以爲博士不可以爲通儒集衆說之歧而无所折衷者近似於類書而无當於經術若乃陰陽方伎之士咸自謂得易之理雖近野恐泥亦固其枝與流裔也或以術數外之亦違該徧之義易說之駁雜如此自非極深研幾絜靜精微何能知所擇邪清人

自惠定宇始闢圖書及胡朏明撰易圖明辨徵引尤博王白田復作易本義九圖論並爲學者所尊信（白田治宋學獨深闢九圖然九圖實與啓蒙之義相發何爲申彼絀此自有此文不獨治漢學者攻圖書治宋學者亦以爲口實矣）於是先後天河洛之義幾爲說易之大禁實則諸師之固未有以見夫易道之大也清季錢塘沈竹礽先生隱於閭巷而博學多通尤精象數之學著有周易易解十卷周易示兒錄三編周易說餘一卷稱心而談盡廓漢宋門戶之見獨明先後天同位之義推京氏世位以說卦序皆能發前人所未發蓋有見於賾動而不失易簡之旨者浮與先生之子瓞民習因獲讀其書雖未足以窺先生之學固知先生之於易其所自得者深矣顧其書或爲治漢學者所不喜然剋實言之舊謂易有四聖人之別猶非篤論更何有於漢宋邪世有明易之君子其必於先生之書有取焉可无疑也瓞民堅以附贅一言爲屬因書此歸之

中華民國二十年八月馬浮識

右周易易解十卷周易示兒錄三編周易說餘一卷　先子之所撰然猶未手定者也祖緜見　先子治易極深研幾一字未安夙夜徬徨寢食俱廢必徵其理之所在心之所安而后已嗚呼用心亦良苦矣丙午歲　先子棄養遺稿藏諸　先繼慈袁太淑人匣中　太淑人往來南北未嘗須臾離歷經諸厄　太淑人終始維護之遭刼之奇有不孝所不敢忍言者也猶憶歲甲子不孝于役江陰時值兵禍　太淑人必手持此匣於左右炮火幾將及身而　太淑人持匣竟无恙者幸矣當兵火之餘　太淑人猶談笑出之謂秦火燔諸儒書其學皆爲世所詬病傳諸後世或反爲世累爾汝父爲學字字從心肺中出豈若好名阿譽者之所爲天將佑之而況人乎若余死爾以此書行世可也及亂平　太淑人避亂金陵不孝請啓之　太淑人詔之曰此汝父手自封鍵余焉輕視之固請之則涕泣不可仰未敢違也及丙寅歲　太淑人又棄養始啓而讀之知　先子之蘊

於易窮年探討孜孜不倦其有功於翼經者深矣爰錄副本請　馬一浮

先生訂定之又得　王駿甫先生慨助印資任校勘者爲　鍾駿丞世兄

鍾又輯　先子遺箸散見各書者爲周易說餘一卷以傳於世謹誌始末

辛未夏　不孝男　祖縣謹述

易解勘誤表

卷數	頁數	行數	字數	誤	正
一	十四	二	二	告	吉
一	二十	十	二十五	變	變
二	三	二十	十四	響	嚮
二	五	七	二十三	曰	日
二	十	七	十一	有	於
二	十九	八	九	上	人
三	十四	十九	二十三	卑	謙
三	二十一	三	十三	同位	交互
四	三	一	十五	患	志
四	七	十六	二十	後	後字應删
四	十一	十六	二	爲	象
四	十三	二十二	二十七	空白	應加曰字
四	二十五	十四	二十	綜	錯
四	二十六	二十四	七		風下脫井字
四	三十	三	三	家	象
五	五	十	二	四	五
五	五	二十	十一	民	氏
五	六	八	八	元	无
五	七	八	三	象	變

五	七	二十二	十九		悅下脫肥字
五	八	三	四	巽	兌
五	九	二十一	一	空白	不應空
五	十三	二	二十六		曰上脫象字
五	二十八	二十	十四	五	正
五	二十九	一	十	陽	陰
六	六	十六	五	戎	戒
六	十七	八	十四	五	亘
六	二十五	二十一	二十七	空白	應加言字
七	五	十	十四	蝸	融
七	十二	十二	十八	本	木
七	十三	十二	二十一	亙	錯
七	二十三	四	十六	空白	應加二字
七	二十六	七	十		不字在過字下
七	二十九	十九	十三	尾	濟
七	二十九	二十四	六	卦	封
八	九	八	二十五	曰	日
八	十三	十九	二十一	傳	辭
八	十四	十四	十六	摩	靡
八	十六	八	八	彊	疆
八	十七	八	十三	如	知
八	十八	十八	十四	亙	亘
八	十九	十	三	充	氏

易學經典文庫

示兒錄勘誤表

編數	八	八	八	八	九	九	九	九	九	十	十	十	十	十	十	十
頁數	二十	二十	二十三	二十八	五	六	十	十五	十六	一	四	九	十七	十七	二十三	三十二
行數	四	二十	十五	四	十五	七	十三	十	二十二	九	十四	九	一	十七	一	一
字數	十七	十八	一	十七	五	二十六	二十八	八	十八	二	七	二十五	一	十七	一	一
誤		陽	以	合	拙		公覆	☳	--	然	異	坎	驢	偶		四
正	六下脫十字	陰	故	天	掘	易下脫以字	覆公	☶	一	勳	巽	故	驪	耦	氏上脫宋字	四字應刪

勘誤表

編數	上	上	中
頁數	一	一	九
行數	四	二十一	十七
字數	九	一	二十五
誤	概	一	
正	慨	--	之下脫互字

中	十二	十六	二十一	各	如
下	二	六	十六	千	干
下	四	十九	十七	指	指
下	六	二十一	二十四	一	一字應删
下	十一	九	十四	如	加
下	十三	二十	七	指	詣
下	十六	十八	一	龍	乾

說餘勘誤表

頁數	行數	字數	誤	正
三	四	八	巽	兌
四	八	四	序	辟
四	二十一	二十四	小過乾	乾小過
六	三	十八	一	一字應删
七	二十二	二十	降	絳
十六	十一	十三	奇	寄
十六	十六	二十一		卦下脫世字

民國二十年九月印行

每部六冊定價五元

任人翻刻
惟印紙須
用手工連
史毛邊違
約必追究

著作者 沈紹勳

訂正者 馬浮

校勘者 鍾歆

印刷者 中華印刷公司

杭城大方伯中華印刷公司

寄售處

蘇州 富郎中巷十三號沈延國
護龍街文學山房

書名：《周易示兒錄》附《周易說餘》
系列：易學經典文庫
原著：【清】沈紹勳（竹礽）
主編・責任編輯：陳劍聰

出版：心一堂有限公司
通訊地址：香港九龍旺角彌敦道六一〇號荷李活商業中心十八樓〇五一〇六室
深港讀者服務中心：中國深圳市羅湖區立新路六號羅湖商業大廈負一層〇〇八室
電話號碼：(852) 67150840
網址：publish.sunyata.cc
淘宝店地址：https://shop210782774.taobao.com
微店地址： https://weidian.com/s/1212826297
臉書： https://www.facebook.com/sunyatabook
讀者論壇： http://bbs.sunyata.cc

香港發行：香港聯合書刊物流有限公司
地址：香港新界大埔汀麗路36號中華商務印刷大廈3樓
電話號碼：(852) 2150-2100
傳真號碼：(852) 2407-3062
電郵：info@suplogistics.com.hk

台灣發行：秀威資訊科技股份有限公司
地址：台灣台北市內湖區瑞光路七十六巷六十五號一樓
電話號碼：+886-2-2796-3638
傳真號碼：+886-2-2796-1377
網絡書店：www.bodbooks.com.tw
心一堂台灣國家書店讀者服務中心：
地址：台灣台北市中山區松江路二〇九號1樓
電話號碼：+886-2-2518-0207
傳真號碼：+886-2-2518-0778
網址：http://www.govbooks.com.tw

中國大陸發行 零售：深圳心一堂文化傳播有限公司
深圳地址：深圳市羅湖區立新路六號羅湖商業大廈負一層008室
電話號碼：(86)0755-82224934

版次：二零一八年四月
裝訂：平裝

定價：港幣 一百二十八元正
新台幣 四百九十八元正

國際書號 ISBN 978-988-8316-30-4

心一堂微店二維碼 心一堂淘寶店二維碼

版權所有 翻印必究